文學叢刊

文曉村著

輕舟已過萬重山

文史哲出版社印行

國家圖書館出版品預行編目資料

輕舟已過萬重山 / 文曉村著.-- 初版.-- 臺北市：文史哲，民 94

面： 公分.--（文學叢刊；173）

ISBN 957-549-614-0（平裝）

855　　94009012

文學叢刊 (173)

輕舟已過萬重山

著　者：文曉村

出版者：文史哲出版社

http://www.lapen.com.tw

登記證字號：行政院新聞局版臺業字五三三七號

發行人：彭正雄

發行所：文史哲出版社

印刷者：文史哲出版社

臺北市羅斯福路一段七十二巷四號

郵政劃撥帳號：一六一八〇一七五

電話 886-2-23511028・傳真 886-2-23965656

實價新臺幣 三六〇元

中華民國九十四年（2005）八月初版

ISBN 957-549-614-0

輕舟已過萬重山　目錄

卷一　評論

卷二 序跋

卷三 附錄

自序：詩人是歌鳥，沒有沉默的權利

兩岸猿聲啼不住，輕舟已過萬重山。
李白這兩句詩，也許可以爲十八年來，兩岸詩歌文化交流，作一個階段性的註腳。

1

十八年前（一九八七），由於鄧小平、蔣經國兩位領袖，同時推出改革開放的新政，台海之間，長達三十八年的軍事對峙和政治冰封，開始顯現出化解的趨勢，兩岸的歷史，於焉揭開了新的一章。最顯著的現象是，以往嚴令禁止的經貿文化來往，漸漸地化暗爲明，進而形成一種莫之禦的潮流。

但作爲詩人，我們毋寧更關心，詩歌文化的交流。

2

說來也頗有趣，回憶一九八七年十月，正是台灣開放大陸探親的前夕，意外地，經由海外管道，我收到北京詩評家古繼堂，寄來一本評論台灣女詩人的新書：《柔美的愛情》。適巧台北《大華晚報》「讀書人」專欄主編吳娟玉小姐來信約稿，我稍加考慮，便寫了一篇〈從《剪成碧玉葉層層》到《柔美的愛情》〉短評，從比較文學的觀點，分析張默編的《剪成碧玉葉層層》，和古繼堂新書《柔美的愛情》，兩者之間的異同與血緣關係，成文應命。該文十一月二十七日，在《大華晚報》刊出。

這是我的第一篇評論兩岸文學交流的文字，時間，正是兩岸初露曙光的一刻。但在當時「反對共黨統戰」的氣氛中，仍不免有幾分冒險，說不定會被貼上紅色的標籤。但我確信，在兩岸政治難題解決的過程中，文學交流，應該是一種無形的動力，是一條必須要走的道路。儘管眼前險關重重，驚濤駭浪，我們的詩舟，依然要標定方向，鼓浪前進。

3

其實，在兩岸尚未開放之前，亦即一九八七年七月，我和內人借東南亞旅遊之後，回程在香港與大陸親人相會，逛書店時，買了幾本大陸詩人的詩集，返台北後，即參照香港出版的《世界中國詩刊》，編了一集大陸詩選，並寫了一篇〈大陸詩選三十家評介〉，預定在這年十二月出版的《葡萄園》一百期刊出，因慶祝《葡萄園》創刊百期的來稿太多，而壓了下來，延至八八年三月《葡》刊一〇一期才發表出來。這也是台灣詩刊大量刊發大陸詩歌作品的創舉。

從香港帶回的幾本詩集中，對詩人徐剛作品所表現的剛柔並濟的批判精神，感觸很深，借他的詩句「撫摩著自己脊梁的人」，寫了一篇評《徐剛九行抒情詩》，我的著眼不在形式的九行，而在詩的內涵。分別在八八年《葡萄園》詩刊和《台灣新聞報》副刊刊出。

一九八八年八月，香港詩人藍海文編選的《當代台灣詩萃》、《台灣散文選萃》、《台灣兒童詩選》（均上、下册），由湖南文藝出版社順利出版，也令我深深感動，以《當代台灣詩萃》爲主，寫了一篇〈輕舟已過萬重山〉，表達我的祝福。

一九八八年底和八九年初，由不同管道，收到北京大學謝冕教授和詩評家楊匡漢主編的兩部《中國新詩萃》、因深感兩位編者的史識卓見，選詩嚴謹不阿，台灣讀者都不易讀到，而奮筆疾書一篇八千字的長評：〈遠近高低看兩岸詩選〉，指出這兩部詩萃出版的時代意義，並與台灣出版的幾本詩選互爲比較，冀望未來兩岸均能編出更加完善的詩選。

這篇評文，連同稍後爲古繼堂在北京、台北兩地出版的《台灣新詩發展史》，所寫的文長七千字的評介：〈找尋台灣新詩的座標〉，八八年七月十八日，和八月廿九、三十日，均在《台灣新聞報》副刊刊出。還意外地引發出台灣幾位學者詩人和大陸二古（古繼堂、古遠清）之間的一次筆戰，爭論的焦點是，台灣的文學史是否應該由大陸的評論家來定性立傳。

從一九八七年十一月至八九年八月，以上這六篇評論文字，是上個世紀八十年代之末，兩岸破冰初期文學交流的成果，對個人來說，頗堪告慰。

4

一九八八年七月，利用暑假，隻身回到河南偃師老家，跪在父母墳前，痛哭一場，吐出埋在心底四十年的悲苦。八月，赴北京遊覽，與詩人雁翼、鄒荻帆、邵燕祥、徐剛、劉湛秋、曉剛，詩評家古繼堂等聚晤，是個人和大陸詩人直接交往的開始。

一九八九年八月，「六四」之後，不顧險阻，再次隻身飛抵北京，與《詩刊》社主編楊子敏及其編輯群朱先樹、王燕生、曉剛、李小雨、梅紹靜、丁國成，詩人李瑛、艾青、卞之琳、鄒荻帆、賀敬之、朱子奇、雁翼、宴明、舒乙、莫文征、紀鵬等聚晤，談話的重心，則是圍繞著現實環境，如何突破兩岸文學交流的瓶頸，並蒙多位詩人贈書。這就是次年二月，爲艾青編詩選《黎明的通知》，在台北出版的緣由。也因此、稍後、一九九一年，有〈讀艾青的〈牆〉，兼賀德國和平統一〉一文，和長篇論文〈從〈ORANGE〉到〈光的讚歌〉。試論艾青雄健詩風之形成〉的創作。九一年八月，並以此文在北京「艾青作品國際研討會」中提出報告。

5

這裡，回頭說一段小插曲。

一九九一年初，北京古繼堂以「艾青作品國際研討會」籌備會副會長兼秘書長的身份來函，請艾青的老友鍾鼎文老師組團出席上項會議。鍾老師口頭應允，囑我在新詩學會常務理事會議中提出討論，想不到開會討論時，有人一夫當關，堅決反對。這就是爲什麼鍾老師、宋膺、綠蒂、李春生、林泠、羅青、沙白和我，後來雖曾出席「艾青作品國際研討會」，卻沒有代表團名義的緣故。

6

爲了打破壓在詩人心頭的禁忌，促進兩岸詩歌文化交流，一九九三年年初，葡萄園詩社新春聚會時，因我和金筑預定八月一日由教職退休，可以有較多的自由，遂提出八、九月份組團訪問大陸的計畫，同仁紛表贊同，經半年多方連絡，終於八月十五日，扛著「葡萄園詩社訪問團」的旗幟，浩浩蕩蕩，飛抵北京。

訪問團成員，除葡社同仁金筑、晶晶、白靈、張朗和我外，還有社外的明秋水、李春生、林玲、路衛、楊平等。我們還臨時出版了一本《詩歌之旅》的詩選，當作秀才人情的禮物。

在北京，拜訪了《詩刊》社、社科院文學研究所、中國現代文學館等單位，與近百位詩人座談、朗誦、十分愉快。接著，又去西安、洛陽、開封、鄭州、武漢、貴陽，與各地文聯、作協、大學，數百位詩人學者座談交流，建立了深厚的友誼。

此行並順道於九月上旬出席了重慶西南師大中國新詩研究所舉辦的「九三華文詩歌國際研討會」，我和白靈在會中發表了論文。我在〈氣象萬千爭輝映〉的論文中，所提到的迄至九三年爲止，《葡萄園》詩刊刊出大陸作品的統計數字，如果計算到二〇〇四年，恐怕不知道要再加多少倍才行。之所以保留那篇論文的原貌只是歷史的存證而已。

7

必須承認，對於兩岸人民來往的限制，是非常不公平的。台灣人民去大陸，只要辦一紙「台胞證」（現在改稱「台灣居民來往大陸通行證」），隨時可行。但大陸人民想來台灣，卻是限制重重。爲了給大陸詩人提供來台參訪的機會，一九九四年，我和詩人王幻、王祿松、李春生、林紹梅、金筑、麥穗、張香華等，創刊《中國詩歌選》的同時，發起成立了「中國詩歌藝術學會」。之後，一九九五年，便由這個學會和葡萄園詩社合作，共同組成「九歌行」訪問團，訪問了北迄哈爾濱、瀋陽、中經北京、石家莊、鄭州，南至上海、杭州，爲期三十天的參訪活動。所到之處，儘是友誼的詩韻歌聲。

之後，《葡萄園》創刊卅五周年，舉辦的「面向21世紀97華文詩歌學術研討會」，雖然大陸代表團未能成行，造成遺憾，但九八、九九年，葡萄園詩社和中國詩歌藝術學會共同舉辦的「兩岸詩刊學術研討會」，和「兩岸女性詩歌學術研討會」，卻是雙方同時開綠燈，由高洪波和屠岸先生率領的代表團，順利而愉快地來到了台灣。二〇〇〇年九月，我們也受邀組團回訪了大陸。

這是上個世紀九十年代，兩岸詩歌文化交流，進入有來有往的新階段，值得大書一筆。

8

因爲有這些緣分，我能有較多的機會，讀到大陸詩人更多的作品，興之所至，也能爲他們，包括艾青、雁翼、屠岸、成幼殊、吳奔星、呂進等，寫出幾篇品評的文字，收在本書卷一評論篇，而與有榮焉。

至於將〈五十年來台灣詩風的演變〉，也收入本書評論篇內，則是緣於十年前——一九九五年十月，我和九歌行訪問團幾位同仁，出席鄭州一家民間詩刊《DISCOVERY》詩刊座談時，曾經談及台灣詩風的演變，因是即席發言，語焉難盡。二〇〇四年九月，重慶西南師大中國新詩研究所，舉辦首屆「華文詩學名家國際論壇」，邀我在大會發表一篇專題論文，這才有了〈五十年來台灣詩風的演變〉成稿。遺憾的是，該文雖長二萬八千字，仍未能容納更多應該論及的詩人。有朋友建議，不妨擴大篇幅，再作充實，可以自成一本專著。而我知道，身體多病虛弱，恐怕力難從心，只好暫時作罷。

至若推荐大陸詩人徐煥雲的童詩給《國語日報》，而有緣結輯成書，並爲之題序；爲另一位同屬湖北籍詩人劉松林的詩集題跋，都是緣於《葡萄園》的作者之故。爲詩人劉建化兩本詩集所寫的序文，爲《兩岸女性詩歌三十家》一書，所寫的〈端一席詩歌的華宴〉，及其他幾篇序跋，都是兩岸交流的結晶，輯爲卷二序跋篇，則是爲編輯、閱讀的方便。

卷三附錄〈抽絲剝繭話從頭〉及〈兩岸詩歌文化交流大事記〉，只是想爲十八年來，兩岸詩歌文化交流留下雪泥鴻爪的行跡而已。

9

船過水無痕，雁過必留聲。詩人是歌鳥，沒有沉默的權利。

二〇〇五，兩岸的歷史如何再寫新章？請看人民的焦灼與期待。

在到達終點之前，我們的詩舟，將繼續鼓浪前進。

如果有緣，有一天，我們必能在詩歌的博物館裡，握住彼此歡笑的歌聲。

文曉村

二〇〇五年六月二十日

台灣台北縣中和市文盧

兩岸詩踪集萃

1998 年 8 月，作者回河南老家探親，經香港返回台北。香港詩人協會設宴歡迎。前排左起：野火、藍海文、丁平、文曉村、慕容羽軍。

一九九一年八月作者出席艾青作品國際研討會留影

1993 年 8 月 16 日，作者在北京拜訪九三高齡老作家冰心。

一九九三年八月，葡萄園詩社訪問北京，《詩刊》社設宴歡迎後合影。左起：林玲、朱先樹、李春生、楊金亭、文曉村、明秋水、丁國成、雷霆、晶晶、張朗、楊平、楊子敏、古繼堂、白靈、金筑、宗鄂、梅紹靜、李小雨、台客。

1993 年 8 月，文曉村率葡萄園詩社大陸訪問團，在鄭州市文聯主辦之文化交流座談會上致詞。

1993 年 10 月 10 日，葡萄園訪問團最後一站：貴陽。左起：作者、金筑、何銳、楊長槐、羅紹書。

1995 年 9 月 18 日，九歌行訪問社科院。前左起：麥穗、江楓、張烱、作者、金筑、秦嶽、宋后潁。後左起：楊匡漢、賴益成、台客、古繼堂、劉福春、劉建化、劉士傑、王幻。

1995 年 9 月，九歌行同仁與《詩神》詩友堯山壁（後左三）、郁蔥（前右三）、劉松林（後右）、陸地（後左）遊蒼岩山。

1995 年 9 月 21 日，九歌行訪問團，拜訪《詩刊》社後合影。前排左起：金筑、劉建化、秦嶽、文曉村、楊子敏、李小雨。後排左起：丁國成、麥穗、台客、王幻、古繼堂、朱先樹。

1995 年 9 月 20 日，九歌行訪問北京大學中文研究所，與所長謝冕教授（前排中）等合影。

1995 年 10 月，九歌行訪問杭州，詩人明秋水設宴款待，作者因病缺席。前左起：顧艷、宋后潁、謝阿香、孫銀標、明秋水、謝小玲、薛家柱、丁惠敏。後左起：郎介忠、金筑、劉建化、董培倫、賴益成、秦嶽、崔汝先、台客。

1997 年 10 月 31 日，作者主持《葡萄園》創刊 35 周年「面向 21 世紀 97 華文詩歌學術研討會」。前輩詩人鍾鼎文（中）、文建會主委林澄枝（左）到會致詞。（邱淑嫦／攝）

1998 年 6 月作者心臟病發住院，金筑（右 2）及夫人江樹鑾（左 1）醫院探視。右爲作者夫人。（邱淑嫦／攝）

1998 年 9 月 27 日，兩岸詩刊學術研討會後，作者與貴賓合影。前左起：周伯乃、陳紹偉、高洪波、鍾鼎文、作者、黃麗卿、浪波、趙愷。後左起：張燁、楊匡漢、楊牧、朱先樹、莫文征、呂進、查干、王祿松、麥穗。（邱淑嫦／攝）

1999 年 7 月 2 日，作者等桃園機場迎接大陸來台出席「兩岸女性詩歌學術研討會」代表。前左起：傅天琳、楊克、顧艷、李琦、台客、李小雨、陸萍、薩仁圖婭、楊光治、王祿松。後左起：金筑、樊洛平、劉建化、巴莫曲布嫫、梅卓、趙遐秋、屠岸、文曉村、娜夜、向前、呂進。

1999 年 7 月 4 日，兩岸女性詩歌學術研討會第一場會議，馬忠良（中）主持，趙遐秋（右 3）、李元貞（右 2）、呂進（右 1）、洪淑苓發表論文。文曉村（左2）、向明（左1）、白靈、秦嶽講評。

1999 年 7 月 7 日，兩岸女性詩歌學術研討會後阿里山遊覽合影。前排左起：金筑、陸萍、李琦、蓉子、屠岸、江樹鑾、顧艷、楊光治。（邱淑嫦／攝）

2000 年 5 月 8 日，作者出席鄭州大學第五屆文曉村新詩創作獎頒獎典禮，發表專題演講後，與文傳院院長陳繼會（左 2）、副院長董廣安（右 1）、許志遠（左 1），書記王景花（右 2）合影。（邱淑嫦／攝）

2000 年 9 月 11 日，九州行訪問團出席四川省作家協會歡宴。作者代表訪問團致贈《星星》詩刊「星光照人寰」銀牌。主編楊牧（中）、省作協副主席宋玉鵬（右）笑接。（邱淑嫦／攝）

2000 年 9 月 13 日，九州行訪問團，峨眉山金頂留影。前左起：秦嶽、向前、梁艷、地陪、李政乃。後左起：晶晶、劉建化、台客、詩薇、金筑、張愛琪、王祿松、藍雲、作者。（邱淑嫦／攝）

2000 年 9 月 16 日，作者受聘西南師大詩研所客座教授後，九州行訪問團全體合影。左起：藍雲、秦嶽、王祿松、文曉村、詩薇、劉建化、台客、金筑、李政乃、晶晶。（邱淑嫦／攝）

2000 年 9 月 16 日，重慶出版社社長書民宴請九州行訪問團。前左起：陳興燕、詩薇、傅天琳、晶晶、李政乃、向前、張愛琪。中立者爲作協副主席鄧友梅。（邱淑嫦／攝）

2000 年 9 月，九州行訪問團大陸行期間，兩岸六位女性結為姐妹。左起：晶晶、李政乃，向前為大姐、二姐、三姐；詩薇、邱淑嫦、張愛琪為四妹、五妹、六妹。

2001 年 5 月，中國作家協會書記金堅范與曉雪率團訪問台灣，文曉村代表葡萄園詩社，以「海上生明月，兩岸共此時」紀念碑，致贈金堅范書記（右）。

2002 年 9 月 16 日，葡萄園詩社訪問鄭州大學，出席文傳院歡迎會與師生合影。前排左起：賴益成、樊洛平、江樹鑾、金筑、劉家驥、張鴻聲、文曉村、樂鑠、單占生、台客、劉福智。（邱淑嫦／攝）

2003 年 9 月 24 日，江南詩旅訪問團，訪問福州冰心紀念館。左起：晶晶、李政乃、江樹鑾、金筑、王祿松、賴益成、文曉村、邱淑嫦、陳國勇（副館長）、陳錦標、秦嶽。（陳錦標／攝）

2003 年 10 月 28 日，江南詩旅訪問廈門鼓浪嶼。左起：文曉村、黃哲眞、金筑、賴益成、李政乃、王祿松、晶晶、秦嶽、江樹鑾、陳錦標、毛翰。（邱淑婣／攝）

2004 年 9 月 20 日，作者出席西南師大「首屆華文詩學名家國際論壇」開幕式。左起：蔣登科、方然、文曉村、犁青、非馬。（邱淑婣／攝）

2004 年 9 月 20 日，重慶西南師大「首屆華文詩學名家國際論壇」開幕式後留影。左起：文曉村、蔣登科、秦嶽、金筑。（邱淑嫦／攝）

2004 年 9 月 24 日，鄭州大學留影。左起：文曉村、許志遠、劉家驥、單占生、金筑、張鴻聲、秦嶽。（邱淑嫦／攝）

2004年9月29日，作者與秦嶽（前中）、金筑（前右）訪問青島大學中國詩學研究中心。馮國榮教授主持座談會後合影。後左起：方舟、欒紀曾、魯原、紀宇、馮國榮、韓嘉川。（邱淑嫦／攝）

2004年10月1日，訪問威海市，湯華海先生設宴歡迎。前左起：文曉村、湯華海、秦嶽、曹靜華。後左起：王天國、邱淑嫦、楊珂、金筑。（邱淑嫦／攝）

卷一 評論

2003 年 10 月 18 日，文曉村在浙江金華，第九屆國際詩人筆會致詞。（邱淑嫦／攝）

從《剪成碧玉葉層層》到《柔美的愛情》

兩個月前，由海外輾轉寄來一本，瀋陽市春風文藝出版社出版的，詩評集《柔美的愛情》，從副題《臺灣女詩人十四家》，可知是一本評介臺灣女詩人的專書。全書三二四頁，大約二十三萬字，作者古繼堂，想必是詩評家吧。我感到頗爲驚訝，甚至還帶著一點點驚喜；大陸文藝界居然有人如此重視臺灣女詩人的作品！這是否含有某種統戰的意味呢？我懷著複雜而矛盾的心情，讀完了這本中國新詩史上尚無前例的專書之後，有點感想，願藉《讀書人》專刊一角之地，略加評介，藉供我們的讀者、詩人、詩評家和出版家參考。

第一、《柔美的愛情》中所評介的十四位女詩人，依序是林泠、蓉子、夐虹、席慕蓉、羅英、張香華、劉延湘、馮青、朵思、陳秀喜、張秀亞、胡品清、葉香、朱陵等。對每位詩人的生平介紹和作品評析，都頗爲詳細、中肯而深入。每篇文長從六千字到一萬數千字不等，其中寫〈展翅的青鳥——蓉子〉，長達一萬八千字，除了介紹她的生平、經歷；和詩人羅門結婚之後的愛情生活，及其十本詩集之外，並抽樣評析了她的〈寂寞的歌〉、〈笑〉、〈平凡的願望〉、〈小舟〉、〈我寧願擁抱大理石的柱石〉、〈晨的戀歌〉、〈催眠的歌〉、

〈三月〉、〈碎鏡〉、〈晚秋的鄉愁〉、〈維娜麗莉組曲之一〉、〈傘〉、〈詩〉等十首詩作。評文之後，附錄了〈到南方澳去〉、〈白色的睡〉等十一首作品，等於作品的精選集（其他各篇也同此體例）。從這個抽樣的簡介中，可知作者對本書所下的功夫，付出的精力，是既深且大的。

第二、讀完《柔美的愛情》全書之後，我發現這本書的基本架構，跟詩人張默所編，由「爾雅」一九八一年出版的《剪成碧玉葉層層》女詩人選集，似乎有著某種血緣的關係。我把兩本書拿來加以對照之後，更加肯定了這一看法。證據之一是，《剪成碧玉葉層層》出版於一九八一年六月；《柔美的愛情》成書於一九八五年五月，出版於一九八七年六月。證據之二是，《剪》集共收臺灣老中青三代女詩人二十六位（附帶說一句，有幾位頗有詩名的女詩人，如著有《從苦難中成長》等多本詩集，得過中山文藝獎的涂靜怡；著有《水晶集》等多本詩集，得過教育部文藝獎的陳敏華；著有《星語》詩集，得過中國文藝協會文藝獎章的晶晶等，他們的作品未被選入，是很大的遺憾）。《柔》集則是明顯地，從《剪》集中選出了林泠等十三位，外加一位所謂「女工詩人」葉香。證據之三是，《剪》集中林泠等十三位選入的作品，在《柔》集中幾乎全部重複出現，只是有些詩出現在評析的文字，有些則被選入文後的附錄作品中。更有趣的是，有幾位，如張秀亞、蓉子、朱陵等，入選的作品，在兩本書中出現的順序，也是完全一樣。因此，若說古著《柔美的愛情》，與張編《剪成碧玉葉層層》，具有某種程度的血緣關係，該是持平之論吧。

第三，從文學史的觀點來看，張編《剪》集，是臺灣新詩史上第一部最具規模的女詩人詩選集。古著《柔》集，則是中國新詩史上第一部最具深度的女詩人詩論集。後者在選詩取材上，從前者獲取了最大的方便外，作者在收集資料和評析作品中，所表現的功力，也是值得稱道的。但其對於像葉香這樣的女詩人，因寫了幾首跟工人有關的詩，便強調其工人詩人的階級性，恐怕使臺灣多數讀者和詩人，都無法給以認同的。

最後，從大陸著名詩人雁翼，在本書的〈序〉文，和作者的〈後記〉中，除了含有某些統戰動機之外，似乎也是以出版這些專書的事實，想要證明大陸的詩人作家，也十分認眞地，企圖衝破兩岸的隔閡，促進文學交流，互相刺激，互相學習，進而達到提高中華民族文學創作的水準。從這一觀點來看，我想，我們臺灣的詩人作家，和有遠大眼光的出版家，似乎也應該團結起來，在這方面，作出我們的貢獻。

一九八七年十二月二十七日《大華晚報·讀書人》專刊

大陸詩選三十家評介

隨著政府宣佈解除戒嚴，開放組黨、報禁，開放民衆大陸探親以來，海峽兩岸，在文化和文藝交流上，也已激起了相當程度的波瀾。這從兩方面可以明顯地看出來：在大陸方面，早幾年，只是基於宣傳和統戰的需要，出版過幾本著重暴露台灣陰暗面，和所謂懷念大陸故鄉的作品；或是由於個別詩人作家的興趣，對台灣的作品，作一些抽樣性的研究和介紹。直到最近，由於政策上的轉變，已經開始接納海外作家建議，準備有系統地，出版反應台灣各種生活領域，具有相當代表性的文學作品，據《中國時報》人間版元月二十一日報導，其中最具規模的，則是湖南文藝出版社策劃出版，包括詩、散文、小說、戲劇、評論等十四個文類八十卷的「台灣文庫」；其中《台灣詩選》上中下三册，將於今年初率先出版。我們相信這是眞正屬於促進兩岸文學交流的舉動，而不是宣傳和統戰。

另一方面，在台灣，隨著開放大陸探親，和轉口貿易的深化，文化資訊和文藝出版界的「大陸熱」，已經到達一種狂熱的地步。多年來，地下市場半公開出版的，大陸三十年代的文學作品，已經可以正式聲請合法的經營。大陸年輕一代的作品，尤其是小說，不但已有多種單行本在書店公開發售，而且在某些重要報紙的副刊上，也已取得日日連載的地步。即使比較冷門的新詩，雖然不像小說那樣風光，但也得到了水準較高的詩刊雜誌的眷顧，而作了初步的介紹。值得特別一提的是，政府和出版界，對於大陸作品的版權，也都給予相當程度的保護和重視。

《葡萄園》詩刊，基於推展詩運，和擴大詩的影響，去年九月，即決定推出一輯《大陸詩選》，但由於創刊一百期紀念專輯的稿件太多而壓了下來。一〇一期雖然適逢蔣故總統經國先生辭世，臨時增加了一個懷念專輯，佔去了原定的篇幅，但仍然照預定計劃，刊出《大陸詩選三十家》的特輯，希望在文學交流和詩藝探討上，作出一點拋磚引玉的工作。

這個特輯，共選出大陸詩人三十家，因爲篇幅有限，每家只選刊一首作品。作品來源，除了艾青的〈窗外的爭吵〉，選自詩集《歸來的歌》；孫靜軒的〈故鄉〉，選自詩集《抒情詩一百首》，劉湛秋的〈我的繆斯〉，選自詩集《無題抒情詩》；阿拉坦托婭的〈遐邇之思〉，是作者經由新加坡《赤道風》季刊社，輾轉寄來的作品之外，其餘魯藜、邵燕祥等二十六家，全是選自香港《世界中國詩刊》近年的作品。

這三十位詩人，自七十多歲的艾青、魯藜，到三十幾歲的舒婷、王小妮等，包括老中青三代的詩人群，雖然由於年齡的差距，生活環境的殊異，各人掌握的題材，表達的內涵，以及語言技巧等，都不盡相同，但強烈的時代精神和自我意識，卻是多數作品的共同特色。固然，邵燕祥的「我心中有一個秘密的愛／如火般紅／如雪般白／越深的黑夜就越顯出來」〈我心中有一個秘密的愛〉；雁翼的「心靈上多幾道箭痕，多流幾滴溫熱的血，總比失去誠實和天眞，要百倍的完善。」〈自尊，唯一的防線〉；阿紅的「我就是在她的窗下，悄悄開著我的花，不管她是否眷顧，我屬於愛不屬於她！」〈愛〉；劉湛秋的「也許，你該是一個彪形大漢／對生活中的種種醜惡／狠狠地給他一記耳光／只是你，絕不是一部機器／或者是一面風向旗／使人感到討厭和骯髒」〈我的繆斯……〉；閔人的「讓青天大道／去挑選／馴服的千里馬／我獨愛／曲徑通幽處／自由自在地——爬」〈蝸牛的獨白〉，這些作品都非常明顯地，表現出詩人的個性，和自我意識的覺性。即使如艾青的〈窗外的爭吵〉，孫靜軒的〈故鄉〉，流沙河的〈桌上的駱駝〉，林希的〈問俑〉，程嵐的〈又相逢〉，董耀章的〈小河曲〉，于宗信的〈黃河〉，曉剛的〈奶瓶〉等，雖然都是藉著客體的事物，或辯難，或傾訴，或讚美詠歌，或諷刺抗議，展現出時代的精神面貌，又何嘗不是詩人的心聲！

至於楊牧的〈餘燼〉，徐敬亞的〈我告訴兒子〉，舒婷的〈……之間〉，王小妮的〈兩個詩人〉等，不知是否爲大陸的朦朧詩？猛一看來，如同讀六十年代台灣的現代詩似的，不免有一頭霧水之感，但若仔細多讀兩遍，不但有其脈絡可尋，仍不難進入詩人創造的世界，而且也洋溢著新銳的朝氣，毋寧是一種可喜的現象。例如，楊牧在〈餘燼〉中，一開始就問：「在我們行進的途中／誰給我們安排了這樣一堆灰燼」？「灰燼」的寓意是什麼？「幾乎每個人說起今天都很激動／那些過往者當初也是這樣／要與之交談是永遠地不可能了／他們的背景叫做歷史／隨風揚起／有時消逝得乾乾淨淨」。原來這「灰燼」是一段滄涼的歷史。其中有些句子，像「夜色圍過來如一口枯井／有時唯火光最能解渴」，以枯井形容夜色，以火光解渴的反語，讀來不僅意象突出，含意深刻，而且語言的震撼性也頗具威力。徐敬亞則透過跳動的語言，歧義的意象，表達他的經驗、感受和希望：「一個人，並不能／渡過所有的河／沉默是一架黑色的鋼琴／有人敲門／你不用想就要站起來／正是因爲你的紐扣使我忽然堅定」。「一個人，並不能渡過所有的河」，「有人敲門你不用想就要站起來」，應是詩人生活的經驗；爲什麼「沉默是一架黑色的鋼琴」？鋼琴應是詩人對於生命的體認和象徵吧？又爲什麼紐扣會使人忽然堅定？如果我們能明白那「紐扣」所代表的，乃是詩人的兒子，便不難理解詩人爲什麼忽然堅定起來了。舒婷在〈……之間〉，所透露的，「上十字架的亞瑟／走下來已成爲耶穌，但是／兩千年只有一次」，是否在暗示，在短暫虛無的生命，如何追求永恆的神性？王小妮的〈兩個詩人〉，把詩人和瘋子扯在一起，具有強烈的自嘲和戲劇性。

末了，我想一提的是，蔣維揚〈讀世界中國詩刊〉的感想：「在繆斯面前我們都是一母所生／讀之詠之，落到心裏都是敬意／載也載不起／打起青鳥銜了送去」，該是兩岸詩人共同的心意吧。

誠然，我們介紹的詩人不多，作品也很少，但就一份詩刊來說，已是最大的容量了。但願抛磚引玉，能夠引起我們的學術界和出版家門，也能有計劃有系統地，研究出版足以反應大陸生活的作品。若然，不但讀者有福，對中國未來文學的發展，也必將有其積極的響影和意義。

一九八八年三月《葡萄園》詩刊一〇一期

一個撫摩著自己脊梁的詩人

·評《徐剛九行抒情詩》

以前，我們的批評家常說，大陸的新詩，比台灣至少要落後三十年。這種說法，如果以十年前，那些一味歌功頌德，完全不顧藝術表現的作品來說，自然有相當的根據。但也不能一概而論，因爲，沙裡淘金，優異的作品，多多少少，還是有的。尤其自一九七六年清明節天安門事件以後，隨之而來的大陸局勢的空前改變和開放，給詩人帶來了比較開闊自由的天空，因而，突破意識和文學框框的，包括朦朧詩在內的新詩，已經有了相當程度的發展，這從筆者最近讀到的幾本大陸新近出版的詩選和詩集，所呈現的豐富開放的藝術性，和朝氣蓬勃的生命活力來看，已可略見一斑。是以，以前那種大陸新詩多麼多麼落後的論調，便不得不重作評估而加以修正了。本文不擬對此作全面性的討論，而只想介紹一本比較特殊的詩集——《徐剛九行抒情詩》。

在台灣，特意創造詩的固定形式的，有白靈的五行體，向陽的兩段式十行詩，和鍾欣的四段式十六行體。全力創造九行抒情詩的，恐怕要屬大陸的詩人徐剛了。誠然，詩的形式，並沒有太大的重要性，正如作者在序文中所說：「對我來說，創立一種詩體實在不是本意，只是因爲過去寫得太自由了，下決心自己給自己戴一回『鐐銬』，把廣泛的自由變成嚴格在一定限度內的自由。」話雖說得如此輕鬆，但在嚴格的形式之內，從事創作活動，正如戴著腳鐐跳舞，而且舞得那麼自由暢快，也是不能不令人敬佩的。

徐剛，上海市崇明縣人，一九四五年出生。北大畢業。曾任《人民日報》文藝部編輯。現任北京《中國作家》雜誌編輯。著有詩集《潮滿大江》、《獻給十月》、《雨花集》等。《徐剛九行抒情詩》，是一年半之前，一九八六年十二月出版的一本新的詩集，包括自序一篇，詩五卷一九四首（如果將同一題目之下的各個篇章，都當作獨立作品的話，實際應是二五三首），二百八十餘頁。

詩人在〈夜行筆記〉的自序中，有幾句耐人尋味的話，可以幫助讀者了解全書命意的所在，他說：

「我時常爲包裹著我的內衣和外衣而感羞愧。」

又說：

「我知道人體是最美的，但，我不敢把這種美赤裸給山野看。

「我也確實想赤裸過，但，我怕被關進精神病院，爲了躲避電和藥，我寧可包裹著我自己。」

詩人是多麼希望，赤裸裸地，把自己的心靈呈現給讀者，但外在的某種觀念，卻迫使詩人，不能不以一件件的內衣和外衣，把自己緊緊地包裹起來。所以詩人在他的作品中，不論是即景抒情，造景抒情。或是假借夢境的抒情，表現得都相當的含蓄。而含蓄，實際上，也是所有詩人，共同追求的美感之一。

下面，讓我們先讀一首〈中山陵〉：

一個偉大的夢，
屬於所有的白天和黑夜。
我在這夢的邊緣，做著另一個夢。
走在山陰道上。
揉搓過的心，
揉搓不去的惆悵……
從夢境裏出來，
不再是夢，
我不敢別上『天下為公』的紀念章。

這個屬於所有的白天和黑夜，爲無數中國人所追求嚮往的，究竟是個什麼樣的夢呢？詩人雖然沒有正面道破，卻在最後一行點了出來。至於詩人爲什麼不敢別上『天下爲公』的紀念章？是什麼令人困擾恐懼的壓力所致？也就不言可喻了。在這裏，詩人所抒發的，固然是個人的情；但又何嘗不是許多同胞的心聲！詩人的可貴品質之一，就在他有時候，常常也是時代的代言人。

與〈中山陵〉題目類似，題旨卻完全不同的作品很多，其中〈故宮〉是另一個典型：

一座鬼域，一個夢，
皇帝的寶座下不會沒有冤獄，
朱筆與花翎都是血染的……
集陰謀鬼計之大成，
匯荒淫無恥於一身，
每到夜晚，便只能關閉宮門。
而今，從那森嚴的城牆下走過，
有時真想做越牆的義兵，
有時也彷彿正在被偷換靈魂。

故宮，是封建王朝統治的象徵，由於建築宏偉雄奇，今天，已是中外無數觀光客嚮往夢想的所在，爲什麼詩人卻稱之謂「鬼域」？爲什麼從那森嚴的城牆下走過，有時眞想做越牆劫獄的「義兵」？這是非常耐人尋味的。

徐剛的九行抒情詩，除了即景抒情之外，也有不少造景抒情之作，像〈楓葉年輪〉、〈車輪下的石子〉、〈夢〉、〈背景〉、〈月亮寧靜海〉等都是。試以〈背影〉五首之三爲例：

從美與不美的眼睛中解放，
我撫摩著自己的脊梁，
為它的剛直而感嘆，
大氣壓曾經重得像山！
我活著就站著，
死了後要去飛翔，
一個赤條條來去男子漢。
在別人和自己的背影上，
我尋找明天。

詩人的另一高貴品質，在於他有獨立的意志和個性。在〈背影〉中，我們看到一位撫摩自己脊梁的詩人。這個「脊梁」的形象，在〈野玫瑰之謝〉中，也曾出現過。

無花時被當作荊棘，
有花時人常來嫁接，
不是被占有，就是被鏟除。
一個花盆，把多少脊梁扭曲？
水能堵截，山能砍削，
發現美是為了踐踏美，
還不如生生死死在這山野……
我見過紅雲落地，野玫瑰凋謝……
夕陽下，中國的大地在流血……

這是以物擬人之作，詩中那不是被占有，就是被鏟除踐踏的野玫瑰是誰？是詩人作家？還是別的什麼人？我們不知道。但我們知道，詩人對於「一個花盆把多少脊梁扭曲？」以及因野玫瑰凋謝，「中國的大地在流血……」是極其痛心的。

徐剛的取材，從風景古跡，天文地理，到心靈夢境的開發，可謂包羅萬象，極其豐富。這裏，再讀一首題材與風格迥異，但卻妙趣橫生的作品——〈夢之三〉：

我問李白：何不乘黃鶴回人間，
走一趟古長安，
看一看馬王堆。
李白說：我只會寫古詩，
也沒有加入新詩研究會，
更害怕被當作第三者判罪！
那時候，在皇上面前，
我怎麼敢愛楊貴妃？
還是墓穴清靜，有青草芳菲。

這首詩最大的妙趣，就在於詩人借李白的嘴巴，諷刺當局不容異己第三者存在的錯誤，以致連李白這種詩仙級的大詩人，寧願住在墓穴中，而不願返回「人間」！這種以古諷今的作品，在《徐剛九行抒情詩》中，佔有相當的比重。

在詩集第五卷中，詩人以〈牛〉、〈山里紅〉、〈火〉等三組十九首〈自畫像〉，表現了詩人愛憎分明的個性。在〈牛〉的第一首中，詩人自稱：「我是一頭牛，卻長著太多的角，毛髮像荆棘。我耕耘過的土地上，有時開花，有時長刺，熱愛大地母親，不會甜言蜜語。我是老虎與黃牛的私生子，但，決不是獐頭鼠目。」在二、三首中，進一步宣示：「對於操刀殺牛的屠夫，我決不報以眼淚，在繩索將我捆綁之前，先踏平了僞善與憐憫！」「假如牧童在我背上，稚嫩的小手鞭打過我，我將回眸一笑，與他一起過河。他的牧笛是爲我吹奏的，……我用四隻腳爲他鼓掌」。

爲了宣揚眞理，詩人有時候不免會忍受十字架的痛苦。徐剛在〈火〉的第五首，便有這樣的認知：

也許，我只是為著
嘲笑燈塔而閃亮的，
但，我敬仰松脂燃起的火把。
一個活人舉著它，
灼傷了手臂，
傷痕，也是一種花。

把這一朵花舉起來，
舉起一個不滅的火把，
真理。火刑。十字架……

《徐剛九行抒情詩》中，值得玩味介紹的好詩很多，限於篇幅，只能作抽樣性的簡介。對於作者九行詩體的創意，卓越的識見，豐富的詩情，陰柔和陽剛，兼而有之的藝術表現，應該給以高度的評價。如果說仍有什麼缺失的話，恐怕是某些語言上仍然稍嫌粗疏吧。

一九八八年六月《葡萄園》詩刊一〇二期
一九八八年七月二十四日《台灣新聞報》副刊

輕舟已過萬重山

·簡介湖南版《當代台灣詩萃》

最近，接到香港詩人藍海文寄來，湖南文藝出版社出版的《當代台灣詩萃》、《台灣散文選萃》和《台灣兒童詩選》等三部選集，展讀之後，頗多感觸，甚至幾個月來，對時局阢隉不寧的心情，也不禁爲之一振，大有當年李白出三峽時，「兩岸猿聲啼不住，輕舟已過萬重山」的快慰。

記得多年前，在台北友人處，看到過一本北京時事出版社出版的《台灣愛國懷鄉詩詞選》（因封面已被撕去，書名是否有誤，有待查證）我大概翻閱了一下，給我的印象實在不佳。大約收錄了台灣幾十位詩人的懷故思鄉之作，雖然其中不乏名家佳構，但浮泛參差，亦復不少，自然無法代表台灣詩文學的風貌。因此，「什麼時候才能把台灣的好詩介紹給大陸的讀者呢？」關心中國文學前途的朋友們，常常不約而同地談到這個問題。

不久，香港詩人藍海文來台訪問，不少朋友都慫恿他編一套包括大陸、台灣和海外三方面作品的『中國詩選』，在香港出版，向三方面發行，以促進中國當代詩文學的交流。海文也欣然接受，並很快著手收集作品。但終因考慮到兩岸關係尚未開放，發行可能有阻力而未果。

一九八五年十二月，爲了溝通兩岸三地的詩歌交流，海文在香港創辦《世界中國詩刊》，因免費向兩岸發行，而廣結善緣，可謂詩人朋友滿天下。詩人寫詩論藝，交往切磋，不免又會談到出版詩選的問題。加以近年來兩岸形勢的迅速發展：大陸持續進行改革，對外開放，台灣也在去年解除戒嚴，開放探親，兩岸關係日漸緩和；體育、文化、學術的交流，亦由暗化明，成爲時代的趨勢。在此文學交流的空間日益廣闊之際，海文原計劃的《中國詩選》，不僅決定改爲單純的《台灣詩選》，而且也由《台灣詩選》，進而發展成爲包括新詩、散文、小說、戲劇、雜文、理論等十多項文類，定名爲「台灣文庫」的文學叢書，由湖南文藝出版社出版。

在藍海文選編「台灣文庫」的過程中，台灣的許多作家詩人，都曾給以積極的協助，咸認這是一件具有文學史意義的好事。令人遺憾的是，去年年底，當香港傳來訊息，「台灣文庫」已敲定由湖南文藝出版社承接出版的同時，台灣文藝圈內，卻傳出一些小道耳語，有人以懷疑的態度，斥責藍某選編「台灣文庫」給大陸出版，是一種「投機」，甚至「投共」的行爲。對此指控，藍海文不曾公開解釋，只私下對朋友說：這件工作是爲私利，還是爲民族文學的大義，將來歷史一定會作公正的判決。

其實，用不著將來，一年之後的今天，當我們從台北書店街走過，看到各形各色的大陸小說詩歌等著作，已經堂而皇之地在書店和書攤上公開發售，且獲得許多讀者的青睞；當台灣返回大陸探親的民衆已經數以萬計，不少作家詩人，或以團體名義，或以個人行爲，藉探親之便，將他們的作品提供大陸各地出版社出版發行，已經成爲一種普遍公開的行爲；特別是當我們的政府，也已公開提出政策性的宣示：對於兩岸民間體育、文化學術的交流，政府將不予干涉時，我們回頭來再看看那些「投機」成「投共」的大帽子，便覺得十分可笑了。

幾個月前，海文在越洋電話中告知，原定由湖南文藝出版社出版的「台灣文庫」，現在稍有改變：「台灣文庫」的總名決定取消，改以比較靈活的方式出書，亦即在每本書的書名中加上「台灣」二字，出版各類專書。這就是《當代台灣詩萃》等書出版的由來。

《當代台灣詩萃》，分上下册，上册五六五頁，下册七二四頁，合計將近一三零零頁。湖南文藝出版社，一九八八年六月出版。選編者藍海文在〈序〉中，除簡略評述台灣三十多年來現代詩的發展，成就之外，著重指出：「從一九四九年開始的長期隔絕，至一九八七年海峽兩岸同時出現的轉機，標誌著「統一時代」開始拉起序幕。一個嶄新的時代已經開始，在充滿契機的今天，選編《當代台灣詩萃》，具有非常重大的歷史意義。」

關於選詩的原則，海文是抱著「孽子之心」，以縫補民族感情，「一切對中華文化，民族感情有損害的作品，一律不予列入。」此外，海文還提出「六不選」：歪詩不選；怪詩不選；淫詩、意識低下、賤格的詩不選；圖案詩不選；句子太長至過分誇張的詩不選；夾雜外文的詩不選。」可見其選詩的態度是非常嚴肅的。

全書共入選詩人二八四家，收詩一千零幾首。就時代而言，包括一九四九至一九八七年近四十年的作品。就作者而言，上起台灣詩壇三老覃子豪、紀弦、鍾鼎文，下訖一九六三年出生的新秀詩人莊雲惠、楊維晨、黃靖雅等，可謂老中青三代，有成就的詩人，幾乎全部網羅在內。編排方式，以出生年爲序。每家詩作之後，附有作者簡介，幫助讀者的了解。就整體編排來看，可謂井然有序，一目了然。

在二八四位詩人中，每人入選作品，最多十首，最少一首。其中入選十首者，以年齡順序，計有紀弦、周夢蝶、羊令野、上官予、余光中、羅門、蓉子、文曉村、鄭愁予、林泠、張健等十一人；入選九首者，計有覃子豪、彭邦楨、楊喚、李春生、白萩等五人；入選八首者，計有夏菁、魯松、張默、黃雍廉、吳望堯、辛鬱、羅行、高準、葉維廉、林煥彰、涂靜怡、汪啓疆、白靈等十三人；入選七首者，計有李佩徵、李莎、古丁、管管、向明、麥穗、商略、王祿松、陳敏華、沉冬、趙天儀、陳錦標、方旗、李魁賢、張香華、林錫嘉、楊牧、敻虹、綠蒂、淡瀅、藍菱、莫渝等二十二人；入選六首者，計有鍾鼎文、方思、朱學恕、黃用、席慕蓉、沙穗、渡也、向陽等八人，入選五首者，計有張秀亞、胡品清、陳秀喜、徐和鄰、洛夫、舒蘭、謝輝煌、晶晶、瘂弦、梅新、岩上、古月、羅青、連水淼、吳明興等十五人，其餘四首以下，計有符節合、宋膺、墨人、詹冰、桓夫等二一零人，名單從略。

凡稍具編輯經驗的人都知道，編詩選絕非易事，尤其是要編一部具有幾近四十年歷史的台灣詩選，更屬不易。藍海文在〈序〉文中便曾坦白地指出：「從台灣詩海中選詩，談何容易。台灣詩壇，社團林立，彼此隔膜，不易溝通。然能在短期內完成此書，固性格使然，亦因台灣著名詩人，大都是吾好友，得訊便能自選送到。而每個詩刊詩社，亦皆有好友助我。所有詩作，概由詩人親自挑選；無法自選者，亦從選集中選出。」由這段話可以說明三點：第一、部份重要詩人的作品，都是詩人自己所提供；第二、多數詩人的作品，是經由各大詩社負責人的代選；部份作品則是編者從各種選集中所選出，目的在保證作品的水準及其代表性。大陸愛詩的讀者，可謂有福了。

當然，也有一些值得商榷的問題和缺點，譬如有幾位詩人的入選，在客觀條件上可能有點勉強，如新加坡的王潤華和淡瑩，他們雖在台灣讀過書，卻是出生在馬來西亞的新加坡人；再如菲律賓的藍菱，是出生在菲律賓，在馬尼拉受教育，目前住在美國的華裔菲律賓人。他們的詩雖然多在台灣發表，但不能因此而將他們當作台灣的詩人。這恐怕是提供作品者的疏忽所致吧。

其次，「作者簡介」部份，因資料來源較舊，加以個人職務異動較大，部份資料已不確實，如張默、梅新、周伯乃等，職務均已有所變動。還有，校對上的疏失，亦復不少，如鍾雷的作品，標題是三首，實際只有二首；張香華的詩，有目錄而漏排作品；類似的錯誤不少，希望再版時詳加校訂。

一九八九年二月《葡萄園》詩刊一〇四期

1995 年 6 月 2 日，汨羅（左 1）自澳洲經香港回大陸探親，王祿松（右 1），文曉村（左 2）赴港相會。中為丁平、右 2 為藍海文。（曉靜攝影）

江左小范新公案

·讀徐剛著《范曾傳》

·大陸著名畫家范曾的作品，最近在高雄失竊，有人爲之惋惜，有人認爲是畫廊的噱頭。這位「重量級」的畫家盛名早已風行中外，尤其在日本，扶桑客爲他在古代畫聖雪舟的故鄉岡山，闢建「范曾美術館」，本文透過大陸知名詩人徐剛新作《范曾傳》，爲你介紹這位中國當代藝術史上，一位成功者艱苦奮鬥的心路歷程……

兩年前，我在香港會親時，曾經買回幾本大陸詩人的詩集，其中有一本是大陸中青代知名詩人徐剛的《徐剛九行抒情詩》。徐剛的詩，在含蓄厚重的抒情筆調中，不僅具有深刻的個性，更有嚴肅的人性和社會批判的精神，頗能反應當前大陸的民心。去年，我曾先後在《文訊》月刊主辦的「大陸文學研討會」，《葡萄園》詩刊一〇二期，和台灣新聞報西子灣副刊介紹其作品。最近，在台北重慶南路逛書店，無意中，又看到徐剛的一本新書《范曾傳》（台北文史哲出版社），不免有幾分驚喜：一則是徐剛這個名字，對我有不小的吸引力；一則也因不久前，高市某畫廊展出的范曾作品，是眞是假？曾在新聞媒體和藝文界，掀起過不小的騷動。爲了好奇、關懷，和企圖尋求一些問題的答案，我隨手翻了幾頁，便把這本書買了回來。

徐剛的《范曾傳》，共有十章，外加一篇〈尾聲〉，書後附有二十幾幅原色製版的書畫。他的寫作方法，與一般傳記先寫家世、學歷、經歷、現職，然後再對其作品加以評介的方式完全不同。而是採用時空交錯，夾敘夾議的評傳方式，先以三章的巨大篇幅，論評范曾的繪畫；回頭以中間三章，敘述其家世，如何習畫，及婚姻生活；最後幾章，再分別介紹其晚近的創造活動，以及其在繪畫之外，詩書等各方面的成就。

徐剛以詩人感性而富詩意的文筆，所寫的這本《范曾傳》，從頭至尾，吸引著我的好奇、關懷、探求答案的心理。讀完全書之後，又忍不住想要寫一篇介紹性的文字，把范曾這位轟動國內外的大畫家，如何從「江左小范」演變爲范沖齋主范曾？如何揮灑藝術的巨筆，掀動歷史長河的波瀾？如何以其百折不屈的意志力，衝破重重難關，凌絕頂，覽衆山，推開藝術殿堂的大門？如何以其作品轟動扶桑島國，使一向頗爲自負的日本藝術家門，竟在其古代畫聖雪舟的故鄉岡山，特別關鍵「范曾美術館」，專門收藏、展覽范曾的作品，介紹給台灣關心藝術發展的朋友。本文所介紹的，不只是有關范曾的各種內幕性資料，及其傑出的藝術成就，而是中國當代藝術史上一位成功者艱苦奮鬥的心路歷程。

從南通的一條小巷到美院

在第四章「南通有一條小巷」中，徐剛詳細描述了范曾的家世：一九三八年陰曆六月初八，范曾出生於江蘇南通，十二代詩書相傳的范氏家中。其父子愚先生，少年時曾留學日本，後在上海攻讀美術。母繆鏡心女士，是泰州名儒，廈門大學教授繆篆先生的長女，曾任南通一所小學校長。范曾出生時，家道已中落，南通又爲新四軍的根據地，戰火連綿，生活艱難，可以想見。但范曾的教育，不曾受到任何影響，相反地，他的父母對他期望甚高，管教亦嚴，四歲即隨母親，進入小學讀書，放學回家後，父親又教他習畫吟詩，寫毛筆字，紮下很好的根基。他不但背誦了許多詩詞，長達三百五十行的《離騷》，也能一字不漏地背出來。

在中學時代，范曾一面臨摹古畫，一面已開始創作、投稿，企圖叩響藝術的殿門。可惜，遭到的卻是退稿的命運。但，范曾並不灰心喪氣。十七歲，高中畢業，投考中央美術學院未取。後來是先入天津南開大學歷史系，兩年後再轉入中央美術院，攻讀美術史和國畫，一九六二年畢業。

范曾美術學院的畢業創作是〈文姬歸漢圖〉，一幅長卷。這在當時「畫畫必畫工農兵，寫詩必寫紅旗頌」的政治風氣之下，范曾竟然膽敢以歷史故事蔡文姬爲題材，而不怕戴上「歌頌封建思想」的大帽子，可眞是非常勇敢的舉動。

在創作〈文姬歸漢圖〉之前，范曾曾經參考各種相關的歷史資料，也看過郭沫若編寫的歷史劇〈蔡文姬〉。畫成之後，他試請當時擔任全國文聯主席和科學院院長的郭沫若過目、題字。出乎他意料之外的是，這位以文史著稱的學界大老，不但親切地稱范曾爲「江左小范」，在〈文姬歸漢圖〉上題了一首四十八句二十四韻的長詩；還親自約見，當面嘉勉，應允以後如有佳作，願再爲之題跋，給即將走出校門的青年藝術家莫大的鼓勵。

范曾的愛情與「文革」

一九六二年，范曾從中央美術學院畢業，被分配在歷史博物館——跟名小說家沈從文在同一個單位，從事古代服飾的研究。對一般人來說，這是一種頗爲冷門的工作，但范曾卻不以爲然，他覺得在古代服飾的紋折上，同樣也能找到畫家潑墨的痕跡。這之後二十幾年的歲月，對范曾來說，何止是歷盡驚濤駭浪的險惡！但因其超人的毅力與智慧，終能克服種種難關，獲致巨大的成就與榮譽。這裏，也許應該稍作一點回顧。

范曾在美院讀書時便有才子之稱，不免恃才狂傲，說過：「中央美院的女同學，不是土豆便是白薯！」而獨犯了女同學的衆怒，以致在戀愛的戰場上遭到封殺。但他有恃無恐，而結識了他父親門下的一位女高中生，不久，也繼他之後，考入了南開大學。經過一段熱戀，終於共同走入了結婚禮堂。才子佳人，令人稱羨。不幸，在一九六六年的「文化大革命」中，他的那位美貌的妻子，卻別著天津紅衛兵的袖章，去到北京范曾工作的歷史博物館內，貼了一張大字報，揭發范曾說過：「江青想當女皇，又沒有武則天的本事。」把范曾打成了「現行反革命」。兩年後——一九六八年，范曾和背叛他的妻子離婚。下放咸陽「幹校」一段時期後，回到北京，卻無巧不成書地遇到了女畫家邊寶華——正是范曾當年戲稱為「土豆白薯」的美院同班同窗，由同病相憐而互相關懷，終至深深相愛，於一九七一年正式結婚。邊寶華後來也成為范曾最得力的賢內助。多年來，不論范曾回南通、上黃山、下洞庭，或是遠渡日本，都是與妻偕行。如今，他們有兩個可愛的女兒。范曾愛妻子，愛女兒。因女兒不喜歡抽煙，范曾戒掉了多年戒不掉的煙癮。

范曾並不是完人，有兩件事一直使他愧疚不已。一是「文革」之初，他曾寫過沈從文的大字報。另一件事是他二十二歲時，因為《徐悲鴻傳》而名噪一時，以范曾當時的學養，難免有錯失之處，徐悲鴻夫人廖靜文女士為了求全求好，為這本書提了一些意見，范曾少年氣盛，不但不以為然，並有言語衝撞。當范曾把這兩件事告訴《范曾傳》的作者徐剛時，仍然熱淚盈眶，痛苦不已，徐剛認為，沈從文和廖靜文，這兩位寬厚而慈悲的老人，正是范曾品德上無言的導師。

一九七五年，「文革」末期，范曾曾應賀龍的女兒賀捷生之邀，和詩人白樺、張鍥等共同起草，揭發江青的罪行。在那個殺人如黑暗恐怖籠罩大地的時代，有此膽識，有此果敢，正是高貴品質的表現。後來在「文革」之後所舉行的「全國第四屆文代會」中，賀捷生、范曾、白樺、張鍥等，被稱爲「文壇四君子」，應是當之而無愧。

岡山「范曾美術館」風波

范曾，在十年動亂中，和全大陸的知識青年一樣，經歷過輕信，乃至狂熱；然後是勞動改造，迷惘失望和漸漸地覺醒。最後，當社會把他忘掉時，他埋頭於藝術創作，在潑墨的山水人物中，傾注了他的全部的愛與憎。「文革」爲他帶來了苦難，也成就了他的藝術和人格。

一九七六年，「四人幫」被粉碎，「文革」結束，范曾的藝術生命，得到了新的生機。

一九七七年春節，范曾應邀在電視轉播的人民大會即席揮毫，他以潑墨如雨的大寫意，一揮而就，畫了一幅〈鍾馗凝視圖〉，適時地表達了全國人民痛恨「四人幫」的憤慨。從此，隨著家喻戶曉的鍾馗捉鬼的故事，范曾也成了家喻戶曉的畫家。

由於范曾在十年「文革」中，幾次被打成「現行反革命」，身心都受到嚴酷的折磨，身體消瘦，營養不良，醫師朋友認爲他有凶險的病兆，但他不相信，以爲是缺少鍛鍊，便每天儘早起床，做早操晨跑，鍛鍊體力。同時，每天也拚命地寫稿、作畫，直到有一天，騎單車摔倒在地，送進醫院，經檢查，是惡性貧血，隨時有休克死亡的危險。此時是一九七八年。

在死神的面前，范曾並不恐懼。他決心在病床上，完成一個多少年來的心願——爲魯迅的小說《阿Q正傳》等，畫一本白描插圖集。他靠在床頭上，閉目凝思，全神貫注於小說中的人物。他不打草稿，卻一筆一畫，盡是神來之筆，而渾然天成，栩栩如生。總共完成魯迅畫像兩幅，插圖四十二幅；後由榮寶齋以精美的印刷和裝潢出版了一本《魯迅小說插圖》。由此可見，這本白描插圖的風格獨居與成功。

一九七九年夏天，范曾隨榮寶齋代表團首渡扶桑，在東京大阪舉行畫展，使日本各界人士，爲之驚歎，爲之傾倒。《產經新聞》特地爲范曾訪日而公佈了近代中國十大畫家的獨家新聞。這十大畫家，依次是：吳昌碩、黃賓虹、徐悲鴻、齊白石、吳作人、李可染、錢松喦、程十發、白雲石、范曾。

一九八零年四月，范曾和張仃，在香港美麗華酒店舉行畫展，八十幅作品，在預展時的一個半小時之內，即被預購一空。范曾的一幅歷史人物畫〈度呂圖〉，被專程從紐約趕來的美國收藏家安思遠先生，以十萬港元高價購得。另一幅小品〈齊白石素描〉，也以五萬港元賣出。雖然藝術無價，金錢不足以判定藝術的高下，但至少可以證明，范曾的作品極爲當代收藏家所重視，則是不爭的事實。

同年春節，范曾在南通、南京舉辦「省親畫展」；九月，在合肥舉行「盧州行書畫展」，十月，應邀赴加拿大哥倫比亞大學文學院和維多利亞大學講學，講〈中國古典繪畫精神〉、

〈中國的潑墨和書法技巧〉、〈我的繪畫〉等，極爲成功。

一九八一年五月，范曾第二次訪日，舉行畫展，共展出一百二十一幅作品，包括〈曲子行吟圖〉、〈女媧補天〉、〈東坡行吟圖〉、〈李時珍採藥圖〉等。其丈二巨幅〈廣陵散〉，畫晉代名詩人嵇康彈琴時，手揮五弦，目送飛鴻的神態，更是參觀者目光的焦點。日本著名漢學家（《紅樓夢》日文本譯者）飯塚朗當場賦詩贈給范曾。詩曰：「范曾畫師在東海，生花竟妍名士才；觀者紛紛入魂時，文化熏風吹過來。」日本各大報紙在報導「范曾人物畫展」的盛況時，並冠以「中國第一文人畫家」的美稱。

杜甫《望嶽》一詩的結句：「會當凌絕頂，一覽衆山小。」正是此時此際范曾藝術到達的境界。

范曾載譽歸國時，一如往常，畫展的全部收入，都繳給了國家。個人得到的，則是友誼和榮譽。

在自由社會，畫家賣畫所得，完全是個人的收入。但在當時大陸所謂「社會主義所有制」，畫家嘔心瀝血的所得，大部份都得繳給「國家」，這種制度本身，已經夠不合理了。更令人諷刺的，則是范曾雖以大量收入繳給了「國家」，非但得不到表揚，反而遭受到毀隨譽來的攻訐，指責他在香港開畫展時住高級飯店，甚至他的畫比他老師李苦禪的畫價高出幾倍，也構成了罪狀！被當作「精神污染」而遭點名批判。

更奇怪的是，當一九八三年三月，日本岡山「日中友協」會長赤木五郎，和樫園紀念財團理事長松田基等，決在岡山闢建「范曾美術館」時，范曾擔任副教授的中央美院，卻千方百計地加以阻撓：先是要求范曾去函給日本岡山「日中友協」，請他們將擬意中的「范曾美術館」，更名爲「中國美術館」；被范曾拒絕後，該學院索性自己去函給日本方面，強詞奪理地表示：「以一位中年畫家個人名義建立美術館是不合適的，在我們國家從來沒有這樣做的習慣和先例。因此，希望貴方把美術館名稱改變一下，不以中國畫家個人名義命名。」這種荒謬的說詞，結果自然是碰了釘子，失盡顏面。惱羞成怒之餘，只有報復到范曾身上。於是，當一九八四年日本邀請范曾出席岡山「范曾美術館」開幕典禮時，該院不但不予批准，還進而炒了范曾的魷魚。不知道是文人相輕的嫉妒心作崇呢？還是當道迫害賢才的無知？

天無絕人之路。一九八四年，范曾被擠出美院後，天津南開大學——他的母校向他伸出了溫暖的雙臂。於是，范曾正式回到南開就任首創的東方藝術系主任，在更開闊的藝術領域中，繼續從事播種和創作。

范曾作品的特質與評價

范曾的作品之所以如此被人看重，決不是什麼天生的鬼才，除了前文提到的詩畫傳家的家學淵源之外，中央美院蔣兆和、李可染等名師指導，范曾本人刻苦磨鍊，從白描、書法、臨摹上所紮的深厚基礎，皆非常人所能及；最後則是抓住了歷史人物的創造。這裏，不妨引證徐剛在《范曾傳》中的若干片斷評語，或可見微知著，管窺一斑。

「范曾最早受業於蔣兆和，是齊白石的再傳弟子，他是步著徐悲鴻、蔣兆和這些大師們的足跡前進，並有了嶄新的發展的。他以造型的功底，白描的筆力，書法的先導，更以他的廣博的歷史知識，以及自己對歷史的認識和見解，融山水、花鳥，人物於一爐。而在人物的選取上，范曾更是獨居匠心，每每以最有風骨，最有脊梁的炎黃子孫的代表再現於潑墨之中；並在一衣一襟，一眉一鬚之間，傾注著畫家自己的感慨情致，使這些人物不僅有了形象，而且有了心靈，雖然來自歷史，卻是面對現實。」

「范曾的歷史人物畫，採擷於歷史上的眞正的群英，卻又不是歷史的重複。范曾先把自己置身於歷史長河的波濤中，借著古人的形神，發出今世，今人的感歎，也是對現實和未來的大聲的提醒：中華民族是偉大的民族！華夏子孫是偉大的子孫！我們有過壯烈與悲慘並存的歷史，願悲慘成爲永久的過去！」

「范曾筆下，潑墨中的狂態與他心靈中的狂氣是互爲印證，合而爲一的。一幅〈懷素狂草〉，把大書法家懷素和尚的堅定的性格與狂書之姿屹立於紙，禿頭上似見靈光聖火，筆底下如有風雷走動，那不是梁楷的〈潑墨仙人〉嗎？那不是范曾自己嗎？」

「作爲一個國畫家，尤其是作爲一個以歷史人物爲主題的國畫家，光有筆下的技巧是遠遠不夠的，要有充足的文學修養，要有詩人的氣質與才華。」

而范曾「實際上也是一位才華洋溢的詩人，只因他的畫譽飛騰，掩過了他的詩名而已。

下面謹抄一首他的〈登岳陽樓〉，以結束本文。

清風送我上斯樓，一洗胸中萬古愁。
帝子空餘斑竹淚，希文豈只廟堂憂。
譏讒總伴泥沙去，德譽長和日月侔。
百代江濤流不盡，浩茫世事泣心頭。

一九八九年五月十二日十五日《台灣新聞報》副刊
五月十五日《中國詩書畫》雜誌以標題〈范曾〉轉載

找尋台灣新詩的座標

·評古繼堂《台灣新詩發展史》

不可否認地，在四十年來的台灣文藝界，詩壇的紛爭是最多的，如何以寬闊的心胸，遠大的眼光，深刻而又敏銳地，撥開四十年來新詩衆說紛紜的迷霧，理出一條發展的理路，作爲今後繼續努力的基礎，乃是當代詩評家和史學家應該負起的責任。遺憾的是，由於台灣既無批評的環境，也缺乏有識見有擔當的批評家，以致至今，在我們的學術界和出版界，還沒有一部公正客觀的新詩史。

但是，在海峽的彼岸，大陸學者詩評家，中國社會科學院文學研究所副研究員古繼堂先生，卻捷足先登地，將其所著《台灣新詩發展史》，繼由北京人民文學出版社出版之後，也在台北文史哲出版社正式問世了。這是第一部大陸詩評家研究台灣新詩發展的學術性著作，也是彼岸學者爲台灣新詩定位，爲台灣詩人立傳的史學專著，在學術和史學上具有極大的重要性，自不待言。茲將筆者讀後的一點愚見，公開披露，以就教於作、讀者，和關心此書的詩人朋友們。

古著《台灣新詩發展史》，分上中下三篇，十四章七十五節，外加「緒論」和「後記」，總計五百零五頁，約三十餘萬言。其中上篇「台灣新詩的誕生和成長期」，包括台灣新詩和五四運動，台灣新詩的發萌和奠基，台灣新詩的成長和發展，台灣新詩的斷層期，和「跨越語言」的一代詩人等五章。最重要的論證是，從台灣新詩人張我軍的諸多論文，及其詩集「亂都之戀」（也是台灣新文學史上的第一本詩集），就是寫於北京，發表在《台灣民報》的種種事例，證明「五四運動爲台灣新詩孕育了反帝反封建之健碩詩胎，又爲台灣新詩培養了發難之詩人。」與張我軍同時，有「台灣的魯迅」之稱，也曾渡海到過廈門的醫師詩人賴和，和曾被日本人逮捕入獄，並在獄中寫出〈黑潮集〉五十三首的楊華，均爲台灣新詩發萌的詩人。之後，鹽分地帶的吳新榮、郭水潭、林芳年，《風車詩社》的楊熾昌，《福爾摩沙》的巫永福，和光復之初斷層期《銀鈴會》的張彥勳、蕭金堆、錦連等，以至後來全都加入《笠》詩社，被稱爲「跨越語言」的詩人張秀喜、詹冰、林亨泰、陳千武（桓夫）等，均爲台灣新詩成長期中的重要詩人。作者古繼堂先生收集資料之豐富，發掘問題之深廣，敘論之脈絡清晰，是十分值得稱道的。

在此值得特別一提的是，作者依據楊熾昌等人一九三五年組織《風車詩社》，發行《風車詩刊》，從日本將法國超現實主義文藝理論引進台灣的這一史實，改變了一般論者多認爲台灣現代詩始自紀弦先生的《現代詩》的說法。古繼堂在論及「台灣早期的現代派詩人群和風車詩社」時說：「多年來台灣流行著一種說法，認爲台灣的現代派詩是一九四九年國民黨遷台時，由……大陸詩人紀弦等帶到台灣的，因此把紀弦當作台灣現代派詩的鼻祖和倡導者。其實，這是一種以訛傳訛的誤會。……現代派詩最早進入台灣的時間不是一九四九年，而是一九三五年；現代派詩在台灣的第一個倡導者是台灣省籍詩人楊熾昌……現代派在台灣的第一個陣地不是紀弦的《現代詩》詩刊，而是楊熾昌的《風車詩刊》。」由此，不但將台灣現代詩的歷史向前伸延了十四年之久，也改正了一部份評論不明事實的錯誤。史論家的責任之一就是，把歷史的眞面還給歷史。

《台灣新詩發展史》的中篇是，「台灣新詩的西化期」，包括五章三十一節。其中第六章「台灣新詩的重新起步」，著重指出，一九四九年大陸來台的詩人，如紀弦、覃子豪、鍾鼎文、李莎、葛賢寧，宋膺、余光中、楊喚、鍾雷、墨人等，無意中作了大陸新詩的使者和大陸新詩火種的傳播者。一九五一年十一月，紀弦、覃子豪、鍾鼎文、李莎、葛賢寧等，借《自立晚報》版面創刊的《新詩周刊》，便是溝通海峽兩岸詩藝的橋樑。在這一章中，作者以其自己的立場，對當時的反共文藝，也作了一些批評，認爲除了少數人的作品外，「詩的主流是不好的。一部分詩人違背了文學自身的原則，把詩當作政治工具，寫了不少反共八股。」這一部分只用了幾百字的篇幅，似乎只是輕描淡寫地帶過而已。這一時期，作者最爲推崇的詩人是楊喚，特以「傳播大陸現實主義精神的詩壇彗星楊喚」，予以專節評介。就楊喚的作品，三十多年來，一直被列爲中小學課本的教材，讀過他的詩的讀者和受其影響的詩人不知凡幾的事實而言，說「他在台灣新詩和大陸新詩的結合中，在台灣新詩的起步時期，是一位非常重要的詩人。」或稱他是「天才詩人」，的確是當之無愧的。

在第七章「台灣現代派詩的崛起和關於現代派的論爭」中，除了簡要敘論《現代詩》、《藍星》、《創世紀》等三大詩社的演變、相互激盪，及其功過得失之外，對於現代詩運動過程中，詩壇內外的重大辯論，批判與反駁，諸如紀弦的《現代詩》的「六大信條」，與代表《藍星》的覃子豪所提出的「六大正確原則」的辯難；衛道代表的蘇雪林教授，與代表現代詩壇的詩人覃子豪，關於〈象徵派與中國新詩〉的批駁；散文家丘言曦與詩人余光中，關於〈新詩閒話〉的論戰；以及關傑明、唐文標兩位教授多篇論文對現代詩的攻訐，與詩人余光中等人的反擊等，既有廣泛的論證，復有作者據以的評議，雖是舊話新提，讀來仍津津有味，堪稱精采。經過多次反覆辯論，多數詩人不得不做一些反思，而有逐漸回歸傳統，回歸民族的覺醒。

第八、九、十三章，分別詳細論術了《現代詩》、《藍星》、《創世紀》等三個詩社的組織、主張、演革、興衰，及其在台灣新詩發展史上的定位，均有適當的評價。各詩社有成就的詩人，也各以專節，從各人的生平、理論、作品的成長與風格等，予以詳細的評介。三個詩社中，以專節評介的詩人，計有《現代詩》的紀弦、鄭愁予、羊令野、林泠、方思、方莘、方旗、羅英；《藍星》的覃子豪、余光中、羅門、蓉子、敻虹、楊牧、周夢蝶、向明；

《創世紀》的瘂弦、洛夫、張默、葉維廉、商禽、辛鬱、管管等。這些人的作品，在台灣詩壇，大部份已有定評，但因人際關係太近，難免不帶人情的偏私。古繼堂以人在彼岸，自能保持適度的超然與客觀，僅此而論，便有值得一讀的價值。

下篇是「台灣新詩的回歸期」，包括四章二十七節。純就文學而言，這裏所謂的「回歸」，是指詩壇內外，對於現代詩西化移植之論的批判過程中，所引發的民族意識和鄉土情懷的覺醒，是回歸民族文化和鄉土情懷，而不是回歸中國大陸的現實。第十一、十二章，都是敘論「台灣新詩回歸的前奏」，一以一九六二年七月創刊的《葡萄園》詩刊爲代表，一以一九六四年《笠》詩刊的出現爲標誌。由於《葡萄園》和《笠》的異軍突起，「打破了現代派詩在台灣詩壇上的一統局面」。作者對於《葡萄園》詩刊所主張的「健康、明朗、中國詩」的路線，和《笠》詩刊的鄉土精神，對現實和人生的批判，給予了很高的評價，認爲這些主張的貫徹，對七十年代新詩全面回歸民族、回歸鄉土，發揮了前導和前奏的作用。對《葡萄園》創刊初期的幾位重要詩人，文曉村、古丁、陳敏華、李佩徵，和《笠》詩社中年詩人白萩、趙天儀、李魁賢、非馬、許達然、杜國清等，也作了專節的評介。

第十三章，以「台灣詩壇劃時代的事件——空前民族的、鄉土的回歸浪潮」爲題，分別簡介了《龍族》、《主流》、《大地》、《秋水》、《綠地》、《草根》、《詩潮》、《掌門》、《陽光小集》等九個青年詩社所形成的青年詩人運動的成就和特色，並作了六點總結性的評價;認爲「這一回歸浪潮和青年詩人運動,是對台灣新詩西化的否定」;其主要內容是「民族靈魂的復歸和民族文學傳統的繼承和創新」;「鄉土情懷的追求」;「對民歌的重視」;「不拒絕學習外來詩歌藝術」;形成詩歌藝術的「多元化」。

第十四章「從新詩回歸浪潮中崛起的空前規模的台灣青年詩人群」,是前章的續篇,對七十年代台灣詩壇崛起的青年詩人群,作者給予了高度的評價,他說:「這些青年詩人具有卓越的詩的才華;具有濃烈的熱愛中華民族、熱愛中國、熱愛鄉土的最寶貴的情感;他們有和西方文化打交道後經過識別和選擇,對自己的民族文化傳統產生的覺醒、認同、嚮往和追求的決心;……如今經過十餘年的歷練,他們大都進入了中年。……目前正擔負著台灣詩壇主力的角色。」這群優秀的詩人有五十多位。並選出吳晟、蔣勳、高準、羅青、施善繼、林煥彰、向陽、鄭炯明、李敏勇、張香華、朶思、陳明台、渡也、蘇紹連等十四位作專輯評介。

綜合而言,古繼堂先生以學者和詩評家嚴謹的態度,以無比堅毅的精神和熱誠,能夠突破海峽政治隔絕數十年的種種不利因素,完成此一具有文學史意義的巨著——《台灣新詩發展史》,誠屬不易。尤其取材上的巨細靡遺,評論態度上的廓然大公,以及台灣版的適度增刪和修正,在在表現了作者忠於學術的精神,不能不令人感到由衷的敬佩。

但是,美中不足之處,亦復不少,比較重要的,至少有以下幾點:(從略)

一九八九年八月廿九、卅日《台灣新聞報》西子灣副刊

遠近高低看兩岸詩選

·兼評謝冕、楊匡漢主編《中國新詩萃》

自從海峽兩岸先後採取改革開放以來，雖然爲了政治符號，或某種權益的維護，雙方不時仍有明爭暗鬥的執著，但潮流所趨，在經貿、探親、體育文化交流的互動中，不論政府與民間，共同爲促進中華民族走向和平、民主、幸福、統一的誠意和努力，應是無庸懷疑的。

在此客觀形勢和國族大義的共識之下，如何促進兩岸文學交流，已不再是往日的禁忌或口號，而是可以擺在陽光之下，進行公開研究討論的課題。本文所要討論的《中國新詩萃》二書，便是近兩年來，一本經由香港友人轉寄而來，一本則是大陸學者古繼堂先生直接掛號寄到的。

《中國新詩萃》二書，是兩部不同年代的詩選集，一部是二十世紀初葉到四十年代（一九四九年），一部是五十年代到八十年代（爲了敘述方便，以下簡稱詩萃第一部、第二部）。第二部出版於一九八五年十一月，第一部較晚，出版於一九八八年十月。二書均由大陸著名詩評家謝冕和楊匡漢主編，北京人民文學出版社出版，具有相當濃厚的官方色彩。但因時代變了，大陸的文藝政策，已有重大的改變；加以兩位主編——謝冕和楊匡漢，都是學養深厚的專業學者詩評家，有其獨立判斷的能力與尺度，所以這兩部詩選集，不論從歷史定位或詩藝的觀點來看，都有其積極正面的意義。

謝冕和楊匡漢，在此二書四序兩萬多字的論評中，對於中國新詩七十年來的歷史發展，尤其一九四九年中共政權建立之後，大陸詩歌鍥入政治社會的利弊得失，有著極爲客觀中肯的評論，這是非常難得的。本文不擬對此詳細討論，謹將其部份論點略加引述，以作後文討論的依據。

謝冕在第二部詩選的序文〈從春天到秋天〉中，坦率地批評：「我們最大的成功是找到了新時代統一的詩歌原則和個性。但我們最不成功之處可能也在這裏。」詩歌不但要「鍥入社會和人生」，而且要「爲政治服務」，配合形形色色的「運動」和「鬥爭」。「當藝術批評的標準中規定政治標準爲第一性的觀念是不可懷疑之時，對於藝術的美學價值的維護事實上也難以做到。過分地以社會價值的估量來替代藝術價值的取向，必然導致詩歌藝術的退化。」又說：「從思想內容的平庸化到爲六十年代後期那種變態的社會生活唱頌歌，某個階段詩歌的流於『假、大、空』乃是一種必然。」

大陸這種封閉落伍的政治化詩歌的轉變，開始於一九七六年四月五日清明節的抗議，和四五運動帶來的自由詩歌的出現。到了一九七八年末，更由於新的政治因素的出現，「導致了包括『朦朧詩』在內的新詩的全面復興，並呈現出初步的繁榮。」此即所謂大陸新詩潮的出現。

新詩潮對大陸詩歌的發展至少具有三項重大的啓示和影響：第一、「要求結束中國詩歌與世隔絕自我封閉狀態。詩人們開始把目光投向世界，」希望加入世界現代優秀詩歌，進行同向發展。第二、「根本改變了當代詩歌曾經有過的單一的價値觀。」「人的內心世界受到關注。人們確認，這一內心世界若是與外部可感的世界相通，它可以成爲一個袖珍的社會，並擁有和外在世界同樣的廣闊和豐富。」第三、不但對於五四以來各種流派、各種風格組成的全部藝術經驗，「受到不懷偏見的重視」；而且「中國悠久的古典詩歌對於中國新詩的既有血緣，又潛存對立因素的關係，在新的時代裏獲得了重新評價的機會。中國古典詩歌永久的藝術魅力使最新一代的詩創作爲之著迷，並把對於傳統的態度這一命題重新提了出來。」也許由這種新形勢和新觀念的出現，才能促使大陸的詩評家和出版界，有興趣、也有條件編選《中國新詩萃》二書的出版。

楊匡漢的序文〈詩美的積澱與選擇〉，重點在於詩美藝術的討論，自然也是他們編選詩萃的原則和標準，此處略而不論，而謹引述數說，或可由一斑而略窺其全貌。他說：「我們必須對有成就的詩人和產生過影響的詩作持特殊的尊重和寬容。但詩歌在行進中留下的不是過去的論證，而是眞實足跡。」又說：「對於某些粗製濫造，卻又幾度冒充是『爲人民』而創作的篇什，我們的態度顯然不能是尊重的。我們不能允許繆斯的眞情被居高臨下的口號與術語擠走。我們不能容忍詩美戴上瘋狂的面具。我們不能贊同創作被贋造取代。我們不能默認純屬個人的迷夢成爲自欺欺人的東西。我們也不能不棄置將技巧的作用上升到壓倒目的之程度的隨心所欲。」總之，「詩美」，也就是詩的藝術性的高低強弱，是編者取捨的最高原則。

「按照上述的審美原則，有的作者堪稱多產詩人，但不一定非得多選（不可），甚至沒有入選；有的作者雖然鮮有作品，甚至至今尙屬未名詩人，但因是在作品中建立了獨特的美感形式，我們慨然予以包容。」

下面是我對《中國新詩萃》二書的粗略統計——

二書均以年代分編，每十年爲一個年代，編爲一卷。第一部共四卷，第一卷爲二十世紀初葉，即民初至一九一九年，依序選入陳衡哲、傅斯年、郭沫若、胡適、康白情、李大釗、劉半農、劉大白、魯迅、羅家倫、沈尹默、玄廬、葉紹均、兪平伯、鄭振鐸、周無、周作人、朱自清、左舜生等十九人，作品三十二首。第二、三、四卷，分別爲二、三、四十年代，入選詩人冰心、戴望舒、馮至、李金髮、聞一多、徐志摩、艾青、卞之琳、廢名、何其芳、田間、臧克家、綠原、馬凡陀、穆旦、蘇金傘等一一九人。全書共入選一三八人次，如果扣除各年代重複出現者，實際全書共入選一一二人，作品二四四首。其中以現代派詩人戴望舒入選九首爲最多，其次，郭沫若八首，馮至七首，冰心、李金髮、徐志摩、艾青等各六首，劉半農、魯迅、周作人、何其芳等各五首爲較多。由此可見，編者選詩態度頗爲謹嚴。如果再從入選者包括各種不同詩派，如創造社的郭沫若、馮乃超、穆木天、王獨清，新月派的胡適、徐志摩、聞一多、朱湘、卞之琳、陳夢家，文研會的鄭振鐸、周作人、朱自清、王統照，現代派的戴望舒，象徵派的李金髮，以及許多沒有派系色彩，但卻有其重要貢獻的詩人，也都能夠濟濟一堂地被選入這一歷史性的詩選中，編者兼容並包重視歷史的態度，是非常值得稱道的。

第二部爲五十至八十年代，亦分四卷。第一卷五十年代，自一九四九年中共政府成立至一九五九年止，入選詩人艾青、白樺、蔡其矯等三十四人，作品四十七首。第二卷六十年代，入選詩人最少，僅有巴·布林貝赫、郭小川、賀敬之等十八人，作品二十首。第三卷七十年代，入選詩人艾青、白樺、北島等二十九人，作品四十四首。第四卷八十年代，入選詩人亦以艾青、白樺、北島等爲首，多達六十三人，作品九十七首，全書共入選詩人一四四人次，扣除各年代重複出現者三十六人次，則全書實際入選詩人爲一零八人，作品二零八首。其中以艾青、邵燕祥各入選九首爲最多，其次爲公劉八首，蔡其矯、白樺、舒婷各六首比較突出。

從上述約略的統計中，稍加分析，我們發現，該書第二卷六十年代，只入選了十八家二十首作品，但全書二零八首作品中，連十分之一都不到，可說是數量之少，少得驚人。爲什麼這一段時期値得入選的作品如此之少呢？當我們再深入考察之後，又發現，在第一卷五十年代，和第三卷七十年代，所入選的四十七和四十四首作品中，大部分又是創作於一九五六年之前，和一九七六年之後的這一事實，足以證明，自一九五六至七六那二十年，在一連串所謂「反右派」、「三面紅旗」、「文革」十年浩劫期間，許多詩人不是被戴上「右派」帽子，遭到鬥爭、下放、勞改的折磨和屈辱，而停止寫作，以爲無言的抗議，少數與當政者比較接近的詩人，即使可以寫作，除了寫些追隨政治走向的頌詩口號之外，也寫不出什麼値得留傳的作品。前者如該書入選作品轉多的艾青、公劉、邵燕祥、白樺四人爲例，艾青和白樺入選的作品，是選自一九五四之前和七九年之後；公劉入選的作品，選自一九五六之前和八一年之後；邵燕祥入選的作品，則除一首〈無題〉抒情短章寫於一九五九年之外，餘皆選自一九五六之前和七八年之後。這些例證足以說明，這四位重要詩人，停止詩筆的時間，至少都在二十年以上。後者如以《女神》成名的浪漫派大詩人郭沫若，在詩萃第一部中，是唯一每個年代均有作品入選的作者；迨至一九四九年之後，因爲做了首席文藝官，與政治關係，太過密切，雖然作品的數量比《女神》時期還多，卻找不出幾首像樣的作品。因此，在詩萃第二部中，郭沫若只有一首〈郊原的青草〉勉強入選。謝冕在其序文中雖對發現此詩表達了「難以扼制的欣喜」，但也頗爲惋歎地指出：「足以證明非技術對於技術的侵蝕造成了多麼深刻的危害！」

至於第四卷八十年代，截至一九八四年止，共入選詩人六十三家，作品九十七首，幾爲全書二零八首的半數，顯然是開放改革之後詩園的大豐收。

編詩選，一則是歷史的回顧，給嘔心瀝血創作出優美作品的詩人，以名實相符的定位；一則也是冀圖藉那些優美的，禁得起時間考驗的作品，給未來的詩人以承先啓後的示範。從這個觀點來看，兩位主編竭力排除那些「過分地以社會價值的取向」，「詩歌爲政治服務」但其「藝術的和美學的價值大部隨著時光的消失而無可保留」的作品，改以「詩美」爲基本取向，爲歷史爲繆斯負責的精神，的確有其劃時代的意義，值得我們由衷的敬佩，給以高度的評價。

其次，在編輯的技術上，也有很大的進步，如版面規畫的一致、美觀，每首詩均有獨立的版面、地位；每首詩均有其出處和寫作時間，增強了詩選的可信度和客觀性。

當然，值得商榷之處，仍然是有的，例如：

第一、編者雖然竭力想要排除「詩歌爲政治服務」的作品，但基於歷史的因素，此類作品仍然會猝不及防地跳入讀者的眼瞼，造成讀者的不悅與傷痛。在詩萃第二部中，就有這樣的作品：「這裏的《共產黨宣言》，並沒有掩蓋在塵埃之下；毛主席的偉大號召，在這裏照樣有最眞摯的回答。／無產階級專政的理論，在戰士的心頭放射光華；反對修正主義的浪潮，正驚退了賊頭賊腦的魚蝦。」（見二一三頁）這種不合時宜的政治口號，別說是一般讀者會倒胃口，即使那些曾被扣過「修正主義」帽子的領導幹部，讀起來恐怕也會渾身不自在。誠然，公正地說，《中國新詩萃》中，此類作品所佔比例，也許不到百分之一、二。就詩美的純潔而言，仍然是瑕不掩瑜的。不但較早出版的《中國新詩》、《新詩三十年》（均香港一九七三年出版），那些泛政治詩充斥的詩選，難望其項背；即使同一時期出版的大陸其他詩選，如《當代百家詩》（北京寶文堂書店一九八七年十二月出版），亦因所收泛政治詩較多，而屈居下風。

第二、在編排上，以每十年爲一個階段，雖然顯示出各個時期的詩風，但在同一年代詩人出現的次序上，既非按作者的出生年齡，亦非按作品的發表先後，或以姓名筆畫多少爲序，閱讀查考，均有不便。如果任由編者安排，極易造成偏差和誤導。如第一部第一卷二十世紀初葉，是中國新詩的開創期，以陳衡哲、傅斯年、郭沫若、胡適等先後爲序，便有不妥。因爲不論就新詩理論的提出，或創作時間的先後，胡適均在陳、傅、郭之前，胡氏爲二十世紀初葉中國新詩創始人的歷史地位是無可置疑的。

第三、各年代入選的詩人，似乎仍有値得斟酌增加者，如開創時期的陳獨秀，抗戰時期的番草（鍾鼎文）、覃子豪，七、八十年代的孫靜軒等，或有其歷史地位，或有很好的作品，詩海遺珠，不無遺憾。

第四、任何選集，爲了幫助讀者對於作品的深入瞭解，都有提供作者簡介的必要。詩萃二書雖是按年代編選，作者每有重複出現的機會，但作者簡介仍然有其必要，放在作者姓名第一次出現的地方，或是集中附在書後，均無不可。

總之，《中國新詩萃》二書，不論從對詩人歷史的定位，詩選包容面的廣度，或詩藝觀念突破性的認定上，都是值得稱道，值得肯定，值得給以熱烈的掌聲。

談過北京版的《中國新詩萃》二書之後，讓我們轉過視線，檢視一下台灣出版的同類詩選，與《中國新詩萃》二書稍作比較，找出一些相互攻錯的異同之處，也許可以爲今後編選更爲理想，更加週全，更有系統的中國詩選，提供一些可資參考的意見。

台灣出版的各種詩選很多，有年度選，年代選，或各詩社的斷代選，因主選者的觀點不同，其代表性自然有所差異，可以略而不論。現僅就筆者手邊存有的幾部涵括性較廣的詩選，提出簡略的介紹。

一、《中國現代文學大系》一九七二年一月出版，詩二輯，六七零頁。第一輯的前面，有余光中的〈總序〉，和詩部份洛夫的〈序〉。入選詩人計七十家，每人三、五首至十數首不等，以鄭愁予二十五首爲最多。但若以頁數而言，鄭氏只佔十二頁。佔十六頁的，計有余光中、白萩、洛夫、瘂弦、商禽、葉珊（楊牧）、周夢蝶等七位。入選詩人除藍菱、溫健騮爲菲港華人外，與《中國新詩萃》第二部第一、二卷，全屬大陸五、六十年代的詩人相若。

有趣的是，從作者簡介中加以統計，可以發現，入選的詩人幾乎是平均分屬於現代詩、藍星、創世紀、笠等四個詩社的同仁或作者，和六位編委分屬四個詩社完全一致，其他「非吾族類者」，全都排斥在外。由於在作業上，是先選人後選詩，選人超越了選詩，詩的品質，參差不齊，以致出版後曾遭詩壇強烈的批評。

二、《六十年詩歌選》，一九七三年四月，正中書局印行，八七四頁。由王志健（上官序）等主編，入選詩人一二三家，七三零首。其中包括一九四九年之前，在詩壇上已有相當聲望成就的詩人三十二位，其餘九十一位爲五、六十年代活耀於台灣詩壇的詩人，含蓋面較廣，公正客觀性亦較強，略可彌補《中國現代文學大系》詩選的疏失。美中不足的是，也許限於政治意識的對立，許多甚有成就，但卻留在大陸上的詩人，如冰心、馮至、艾青、何其芳等仍然付之闕如。

三、《中國新文藝大系》詩歌一、二集，原爲朱自清所編，一九三六年出版，一九七七、一九八零年，由台北大漢、喜美出版社分別再版發行，多少塡補了一些讀者對於三十年代文學的渴望。爲了意識上的「消毒」，或是企圖掩人耳目，不但在《大系》之前，由邢光祖先生寫了一篇意識性頗爲強烈的〈當代中國的狂飆〉，分析中國新文學運動遭受左翼控制的教訓，而且把許多作者的名字都改了，如周作人改用別名周啓明，冰心改用另一筆名男士，趙景深改爲影深等，造成讀者的錯覺與困惑。

四、《當代中國新文學大系》詩集，一九八零年四月，台北天視出版公司出版，八五二頁。由瘂弦編選，入選詩人一五一家，八二五首，含括面較廣。在編排上，以姓名筆畫爲序，閱讀翻查，一目了然。所欠缺者是，沒有作者簡介資料。

五、《中國當代新詩大展》，一九八一年三月，台北德華出版社出版，共三册，一一六二頁。由蕭蕭、陳寧貴、向陽三人聯合主編，入選詩人一零二家，作品三七三首，是一九七零至七九，十年間的詩選集。較之詩萃第二部第三卷七十年代的同一時期，只能選出二十九人四十四首作品來看，雖不敢據以認定爲繁榮與凋零的對比，至少可以說明台灣新詩欣欣向榮的一面。此一大展的最大特色是，入選的青年詩人特別顯著，一九四九年以後出生至一九七九年詩選截稿止，三十歲以內入選的詩人達三十位之多。在編排上，以詩人的出生年齡先後爲序，兼有作者小傳，是另一特色和優點。缺點是校對太差。（舉例略）

六、《五四時代的新詩作家和作品》、《北伐前後的新詩作家和作品》、《抗戰時期的新詩作家和作品》，舒蘭編著，一九八零年五至七月，由成文出版公司出版。此三書係由《中國新詩史話》（原文曾在王璞主編之《新文藝》月刊二三八期至二九七期連載五年）改編而成。三書約九百頁，專章評介的詩人七十位，除與詩萃第一部二十世紀初葉到四十年代所列相同者四十九家外，餘二十一家如開創期的陳獨秀、朱執信、戴傳賢、許地山、劉延陵，北伐前後的梁實秋、楊騷，抗戰時期的覃子豪、葛賢寧、陳紀瀅、孫陵、徐訏、鍾鼎文、墨人、劉心皇、吳若、張秀亞、公孫嬿、老向、老舍、米未然、金軍、高蘭等，均爲詩萃第一部所缺。舒蘭的評論多客觀有據，兼具詩學史識的意義。但因執筆時客觀環境有所限制，對某些詩人的評語，如引魯迅批評郭沫若爲「下等之流氓地痞」等語，似欠允當。

至於本文沒有提到的那些年度選，年代選，和各詩社的選集，自然都各有他們的代表性，對促進詩園的欣欣向榮，都有其不可抹滅的貢獻。至於某些人爲意識，或時空造成的缺失，基於詩學藝術的觀點，自然也應該誠懇地正視和檢討。特別是當此兩岸交流日漸開展，民族文學急待重新整合的今天，如何加強兩岸詩學的交流，出版更多更好的詩學與詩選的專書，爲讀者也爲詩人提供盡美盡善的服務，以提高詩學和詩藝創作的水準，乃是所有詩人和詩評家共同的責任。

宋代大詩人蘇東坡說的好：「橫看成嶺側成峰，遠近高低各不同；不識廬山眞面目，只緣身在此山中。」我們承認詩園的千嬌百媚，詩國的錦繡山河，但我們也決不忍受任何意識的侷限。今天，我們有權利，也有足夠的條件，期待一部、甚或更多部的，足以代表二十世紀中華民族偉大心靈的新詩選集，早日呈現在十億人民的面前。

一九八九年七月十六日《台灣新聞報》副刊

讀艾青的〈牆〉

·兼賀德國完成和平統一

大陸著名詩人艾青，經過二十一年的流放、沉默之後，到一九七八年，終於重握詩筆，發表詩作，短詩〈魚化石〉、〈鏡子〉，長詩〈迎接一個迷人的春天〉、〈光的讚歌〉等，無不受到詩壇的重視、稱讚；其受歡迎的程度，決不遜於三十年代的〈大堰河——我的褓母〉，抗戰時期的〈北方〉、〈曠野〉、〈火把〉、〈黎明的通知〉等許多關懷國脈民命的詩篇。而本文想要一談的，乃是別具意義的〈牆〉。

艾青於一九七八年獲得「平反」後，不但恢復了名譽，重獲發表作品的權利，並於次（一九七九）年五月，隨一訪問團，訪問德、奧、意三國。在德國訪問時，由於目睹柏林圍牆，像一把刀子，將柏林切成兩半，使原本已被分割的德國，烙下更深的傷口，因有所感而寫下了一首極具深意的〈牆〉，並在慕尼黑一項歡迎會上朗誦，獲得甚多德國友人的稱讚。茲值東、西德已定於本（一九九〇）年十月三日正式合併，完成全德和平統一之際，讓我們來讀一讀艾青的〈牆〉，一則藉以對德意志聯邦共和國表達一份中國詩人的賀意，一則也許可以對於海峽兩岸的中國人，增加一面思考統一的鏡子。

現在，先看〈牆〉的原文：

一堵牆，像一把刀
把一個城市切成兩半
一半在東方
一半在西方

牆有多高？
有多厚？
有多長？
再高、再厚、再長
也不可能比中國的長城
更高、更厚、更長
它也只是歷史的陳跡

民族的創傷
誰也不喜歡這樣的牆
三米高算得了什麼
五十厘米厚算得了什麼
四十五公里長算得了什麼
再高一千倍
再厚一千倍
再長一千倍
又怎能阻擋
天上的雲彩、風、雨和陽光？
又怎能阻擋
飛鳥的翅膀和夜鶯的歌唱？
又怎能阻擋
流動的水和空氣？

又怎能阻擋
千百萬人的
比風更自由的思想？
比土地更深厚的意志？
比時間更漫長的願望？

在討論〈牆〉這首詩之前，不能不對柏林圍牆的歷史加以回顧：一九四五年歐戰結束，戰敗的德國，被美、英、法、蘇四國分區佔領，形成德國被實際瓜分的局面。一九四八年五月，蘇聯因對「西歐聯盟」的恐懼，遂在其東德佔領區舉行所謂人民大會，決定以東柏林爲首都，成立了「德意志民主共和國」，簡稱東德。美、英、法三國不甘示弱，立即還以顏色，而於一九四九年五月，將三國佔領區加以合併，經制定憲法，選舉議會，決以波昂爲首都，成立了「德意志聯邦共和國」，簡稱西德。這就是德國因國際局勢的對立，被迫分爲東、西兩個德國的遠因。

兩個德國，分屬東、西兩個陣營，奉行兩種不同的主義，實行兩種不同的政策，結果自然不同。西德奉行自由主義，經濟自由、政治自由，不到十年，將一片被戰爭摧毀的廢墟，建設成西歐最富有的國家。反觀東德，雖以「民主共和國」相標榜，實際推行的卻是非民主的集權主義的政策，致使政經建設，遠遠落後於西德。水往下處流，人往高處走，東德人民爲了追求自由幸福的生活，紛紛逃離東德，投奔西方。據新聞報導，自一九四九到一九六一年，十二年之內，東德人民逃向西方的已達二七〇萬人之多。東德政府爲了防止人民繼續逃向西方，遂在一九六一年八月十二日晚上至十三日清晨，一夜之間，竟在東、西柏林交界處，築起了一條三公尺高的水泥牆。到一九八〇年，這條分割東、西柏林的水泥牆，已經延伸到四十五公里長，如果將圍繞在西柏林其餘部份的一二〇公里合計起來，柏林圍牆總長已達一六五公里，眞可稱之謂全世界最長的牆而無愧！

艾青的〈牆〉雖未明說，但明眼人一看都會知道指的就是柏林圍牆。此詩文詞淺白，意象明朗，不經心的讀者，也許以爲無甚深意，其實不然。首先，〈牆〉的取材所構成的主題極爲重要，這〈牆〉，不僅直接關係到東、西柏林的分割和東、西德的分裂對峙；而且相對地也影響了歐洲東、西兩大陣營力量的消長。其次，就技巧而論，詩人在第一段中，以刀喻牆，由刀的突顯銳利，使人聯想到那「一堵牆，像一把刀」，不只是「把一個城市切成兩半」，而且那無情的刀，也狠狠地將德國切成兩半，「一半在東方」，屬於華沙公約陣營；「一半在西方」，屬於北大西洋公約集團。由於這一堵牆，加深了德國的分裂，使骨肉同胞數十年不能見面，不得團聚，人間痛苦，可有甚於此者？怎能不令人感動、感傷！

在第二段中，詩人將柏林圍牆與中國的萬里長城做比較，說它「再高、再厚、再長／也不可能比中國的長城／更高、更厚、更長」。從字面上看來，詩人好像在趁機誇耀中國的萬里長城多麼高大雄偉，實則不然。從下文不難看出，詩人只是想要指出，柏林圍牆沒有什麼了不起，它的存在，「也只是歷史的陳跡／民族的創傷」。接著，詩人更以輕蔑的語氣指出：「三米高算得了什麼／五十厘米厚算得了什麼／四十五公里長算得了什麼／再高一千倍／再厚一千倍／再長一千倍／又怎能阻擋／天上的雲彩、風、雨和陽光？」／「又怎能阻擋／飛鳥的翅膀和夜鶯的歌唱？」／「又怎能阻擋／流動的水和空氣？」而這種人爲的牆，既然阻擋不了這些大自然的力量，「又怎能阻擋／千百萬人的／比風更自由的思想？／比土地更深厚的意志？／比時間更漫長的願望？」詩人以一連串的反詰質疑作結，意含深蘊而有力。

的確，人爲的一堵牆，又怎能阻擋什麼呢？證之一九八九年底，東德人民以自己的行動，不僅拆除了阻擋人民自由來往的柏林圍牆，更將當年策劃築牆的東德首領何內克逮捕下獄，繼之而起的東德政府，爲了滿足人民的願望，經由兩德政府協商，議會決議，定於一九九〇年十月三日與西德合併，正式定名爲「德意志聯邦共和國」，完成全德人民和平統一的願望，使德國人民被迫分裂四十多年的創痕，得到初步的癒合。至此，回頭再來思索一下艾青的〈牆〉，我們驀然發現，早在十二年前，艾青已經對德意志的終將走上和平統一之路，提出了暗示性的預言，怎不令人敬佩呢。

明天，當我們對德國人民說：「德國朋友，恭喜你們的和平統一，恭喜你們的光榮勝利！」時，我親愛的同胞，我們是否也該加快我們的腳步？別讓德國人民專美於前。

一九九〇年十月一日於台北縣中和市。

一九九一年一月十五日《葡萄園》一〇九期

一九九一年《世界華文詩刊》第二期

從〈ORANGE〉到〈光的讚歌〉

·試論艾青作品雄健詩風之形成

1

自從新文學興起以來，我國詩人出國留學者，回國後，其作品無不或多或少地，受到西洋詩風的影響，三十年代徐志摩之於浪漫派，和李金髮之於象徵派，便是兩個典型的例證。艾青卻不然。

艾青，雖然早歲（一九二九·十九歲——一九三二·二十二歲）留學法國巴黎，回國後的初期作品，有過明顯的某些歐化的現象，但因時間甚短，受影響的作品也不多，加以寫作方向的旋即轉變，故能迅速地形成其獨立雄健的，屬於中國的風格。

2

一般討論風格者，多認「人格即風格」。少數持懷疑論者，則認爲人格與作品沒有絕對的關係，風格只是「表現的形式」而已。

已故前輩詩人覃子豪（註一），則提出了第三種看法，他認爲：「氣質決定風格。因爲風格不是人格，風格也不是表現形式。風格就是風格，若要用另一句話來表示風格的本質，只可以說它是文體的精神風貌，便是作者氣質的表現。」又說：「風格是作家的特產，不可以假借，實由於其氣質之故。氣質決定這詩人或作家的創造形式，運用語言的癖好與偏愛。這癖好與偏愛便是風格之形式。」（註二）顯然，覃子豪的意思是，作品風格之形成，可以從詩人的創造形式及其運用語言的癖好與偏愛上得知。

艾青的《詩論》（註三），沒有專章討論風格，但從各相關的篇章中，仍不難了解其對風格的看法。他在〈詩論〉章中，開宗明義便說：「一首詩是一個人格，必須使它崇高與完整。」乍然看來，這和傳統「人格即風格」的觀點十分相近，但在本質上卻不完全相同：傳統的「人格」，多指「個人」而言，艾青的「人格」，通常指的應是超越「個人」之上的「大我」。他在〈詩論〉的〈服役〉章中，便曾說過：「詩人的『我』，很少場合是指他自己的，大多數的場合，詩人都借『我』來傳達一個時代的感情與願望。」在〈詩與時代〉中，他更明確的宣示：「最偉大的詩人，永遠是他所生活的時代的最忠實的代言人；最高的藝術品永遠是產生它的時代的情感、風尙、趣味等等之最眞實的紀錄。」換句話說，艾青是不主張個人主義的爲藝術而藝術；而是強烈地主張，詩應反映時代，做時代最忠實的代言人。

至於具體的寫作方法，艾青說：「寫詩有什麼秘訣？——用正直而天眞的眼看著世界，把你所理解的、所感覺的，用樸素的形象的語言表達出來。」（註四）

在〈美學〉章中，詩人又說：「詩比任何其他文學樣式更需要明朗性，簡潔性，形象性。」

從以上片斷的引文中，我們似乎可以確定，艾青的藝術觀，應是在服務於時代的大我思想基礎上，力求完美的表現。在表現方法上，又特別重視樸素、明朗、簡潔、形象的語言運用。這，也許正是形成艾青雄健詩風的基本因素吧？以下謹就這個方向來試探艾青詩風之形成。

3

據說，艾青的第一首詩是〈會合〉，筆者迄今無緣讀到。本文擬以〈ORANGE〉作爲早期作品的一個抽樣——一般論者對這首洋味較濃的作品，似乎都不太注意。但就其作品風格的發展上來看，〈ORANGE〉不僅具有代表性，而且更有其他作品不可取代的重要性。現將該詩錄後：

ORANGE（註1）

圓圓的——燃燒著的
像燃燒的太陽般點亮了
　圓圓的玻璃窗——
Orange——是我心的比喻
Orange——使我想起了：

一輛公共汽車
　閃過了
紀念碑
十字街口的廣場
公路邊上的林蔭路，
捧著白鈴蘭的少女
　五月的一個放射著噴水池的
　翩翩的
放射著愛情的水花的節日……

Orange——像那
整個機械飲食處理
大麥酒的雪白的泡沫
　所反映出的
紅色篷帳的歡喜……
　太陽的歡喜……
Orange——
像拉丁女的眼瞳子般無底的
熱帶的海的藍色
　　那上面撩起了
聽不清的歌唱
異國人的 Melancholic（註2）
Orange
圓圓的——燃燒著的
Orange
像燃燒著的太陽般點亮了圓圓的

玻璃窗——
Orange
使我想起了：
我的這 Orange 般的地球
和它的另一面的
我的那 Orange 般快樂的姑娘
我們曾在靠近離別的日子
分吃過一個
圓圓的——燃燒著的
Orange
Orange——是我心的比喻

一九三三年七月十七日

註1：ORANGE 法文，橙子。
註2：Melancholic 英文，憂鬱的。

歐化的語言，浪漫的情調，是這首詩的最大特色。詩中Orange這個意象詞，包括題目在內，共出現了十三次之多，也是詩人詩中夾雜外文最多的作品。透過這個象徵熱情和甜美的意象詞Orange，詩人以參差錯落的句法，反覆吟詠，想要表達的，只是對那在離別時曾經分吃過一個Orange的法國姑娘的懷念，十分羅曼蒂克的。詩中流露的那份淡淡的甜蜜和憂傷，至今讀來仍相當感人。

在此，必須指出的是，艾青在這首詩中一再吟詠的，那個「像燃燒的太陽般」，詩人「心的比喻」的「Orange」，乃是詩人之後數十年創作一系列「太陽」作品的胚胎和根源。這是許多論者都不曾注意的。

與〈Orange〉類似的，還有同一時期的〈蘆笛〉和〈巴黎〉等作品。〈蘆笛〉在題目之下，以法文引了阿波里內爾(G. Apollinire)的詩句：「當年我有一枝蘆笛，拿法國大元帥的節仗我也不換。」用以暗示詩人將以歌者爲榮。〈蘆笛〉和〈巴黎〉的共同特徵是，語言運用上都夾雜了少許的法文或英文單字。

語言上的另一種歐化現象是，詩中的形容詞和副詞特別多，造成詩句的堆砌和滯重感，如：「……拋棄了／深深的愛著他們的家園，迷失在你的愛昧的青睞裡」（註五）；「……心顛仆的陳年的破舊的船隻／永遠在海浪與海浪之間飄蕩」（註六），這類句子，隨處可見。當然，這也是二、三十年代，許多詩人作家，運用新興的白話文，尚未完全純熟的「通病」，不獨艾青爲然。

4

說來奇怪，艾青在寫〈ORANGE〉、〈蘆笛〉和〈巴黎〉的同時，卻創作了風格完全不同的名詩〈大堰河——我的褓姆〉。如果稍早幾個月（註七）。這同一詩人，在同一時期，寫出兩種風格截然不同的作品，不禁令人感到迷惑，矛盾，不可思議；在某一時期，甚至還曾招致嚴重的非議呢（註八）

其實，這完全是內容決定語言形式所使然。〈ORANGE〉、〈蘆笛〉、〈巴黎〉等，這類具有異國浪漫情調的作品，夾雜一些外文單字，使用形容詞副詞較多的歐化句法，毋寧是一種自然的現象。

反之，在〈大堰河——我的褓姆〉——這首一零八行的敘事長詩中，從頭到尾，看不到一個比喻詞，也沒有一個生澀難懂的語句；詩人所使用的，全都是平平凡凡的生活中的語言。它那濃厚的詩情和逼人的震撼性，則是來自詩人那眞摯的感情，透過平凡而與生活息息相關的語言所釀造的氣氛，和詩中那位畢生受盡苦難凌辱的褓姆，及其所代表的廣大農民的社會性意義，帶給讀者的壓迫感所致。試想，如果在這首詩中，採用夾雜洋文的語句，面對目不識丁的農婦大開洋腔，或是爲了追求高雅的技巧，比喻典故連連，對詩中的主人翁——褓姆來說，該是何等的尷尬，何等的不答調啊！

5

在〈大堰河——我的褓姆〉之後，直到抗戰的初期，艾青給予最大關注的，仍是貧窮落後的農村。因此，不數年，便先後寫出了〈雪落在中國的土地上〉、〈手推車〉、〈北方〉、〈曠野〉、〈我愛這土地〉等名作。

雪落在中國的土地上
寒冷在封鎖著中國呀……

在〈雪落在中國的土地上〉詩中，詩人反覆四次詠嘆這兩句詩，強烈地暗示著，「中國的苦難與災難／像這雪夜一樣廣闊而漫長呀？」但詩人知道，自己的力量是非常有限的，遂禁不住在詩的結尾中，要發出這樣的感嘆：

中國
我的在沒有燈光的夜晚

所寫的無力的詩句
能給你些許的溫暖嗎？

在〈手推車〉中，詩人先以音樂家的指揮棒，指揮「手推車／以唯一的輪子／發出使陰暗的天空痙攣的尖音」；復以畫家的筆觸，展示出一幅「手推車／以單獨的輪子／刻畫在黃土層上的深深的轍跡」的圖畫。這聽到的「尖音」，和看到的「轍跡」，全是「北國人民的悲哀」啊！

〈北方〉是一首百行抒情長詩，詩人抒發的，乃是廣大北方的災難與不幸，貧窮與飢餓。這是一首悲哀的歌曲。在不勝欷歔的感嘆中，詩人反覆吟誦的，「我愛這悲哀的國土」，仍能帶給讀者信心與安慰。

〈曠野〉是一首一百多行的敘事長詩，和〈北方〉一樣，看到的都是「烏暗而乾枯了的田畝……」，「平凡，單調，簡陋與卑微的田野。」或是「在無止的勞動與飢寒的前面／等待著的是災難、疾病與死亡」。在客觀地第三人稱的敘述中，詩人也常情不自禁地插入他的感嘆：「你悲哀而曠達，辛苦而又貧困的曠野啊……」，以至結尾時，寄託詩人的哀傷和期待：

曠野啊——

你將永遠憂慮的容忍
不平而又緘默嗎？

〈我愛這土地〉，是一首只有十行的短詩。內容是詩人自喻爲歌唱的鳥，爲其摯愛的土地、河流而歌唱；即使最後死了，羽毛也要爛在泥土裡，做最後的奉獻。這是一首耐人尋味的象徵小品，與前面的幾首作品相比，風格截然不同。尤其，結尾的兩行——

為什麼我的眼裡常含淚水？
因為我對這土地愛得深沉……

將詩人摯愛土地的心靈，赤裸裸地呈現在讀者的面前。這和另一首〈曠野〉中，詩人坦然自陳：「何必隱瞞呢——我始終是曠野的兒子。」都是詩人高貴情操的自然流露。

6

對日抗戰時期，尤其是抗戰進入最艱苦的一九四零年前後，艾青創作了許多具有時代意義，鼓舞民心士氣的作品，其詩風也由往日的憂鬱悲憤，一變而爲昂揚雄健，足堪代表中國民族的風格。這樣的作品很多，像長詩〈向太陽〉、〈他死在第二次〉、〈吹號者〉、〈火把〉、〈黎明的通知〉等，短詩如〈人皮〉、〈橋〉、〈樹〉，數十行的作品，如〈給太陽〉、〈時代〉等，都是代表性的作品，堪稱傑作而無愧。爲了篇幅有限，只能抽出一兩首，就其風格的演變和形成上略作分析。

〈給太陽〉一詩，共十節，每節四行，是標準的自由詩體。由第一節「早晨，我從睡夢中醒來，看見你的光輝就高興……」開始，寫的都是看見太陽的種種快樂，親切的擬人筆法，直抒胸懷，下面抄錄數節，作抽樣討論。

太陽啊，你這不朽的哲人，
你把快樂帶給人間，
即使最不幸的看見你，
也在心裡感受你的安慰。

你是時間的鍛冶工，
美好生活的鍍金匠；
你把日子鑄成無數金輪，

飛旋在古老的荒原上……

假如沒有你，太陽，
一切生命將匍匐在陰暗裡，
即使有翅膀，也只能像蝙蝠
在永恆的黑夜裏飛翔。

我愛你像人們愛他們的母親，
你用光熱哺育我的觀念和思想——
使我熱情地生活，為理想而痛苦，
直到我的生命被死亡帶走。

——〈給太陽〉六至九節

將太陽喻爲「不朽的哲人」，「時間的鍛冶工」，「美好生活的鍍金匠」，以及深愛的「母親」，形象明確而突出，給人不可磨滅的印象。尤其第九節將太陽喻爲母親，「你用光熱哺育我的觀念和思想——使我熱情地生活，爲理想而痛苦，直到我的生命被死亡帶走。」

使詩人爲理想不惜犧牲的精神，躍然紙上。

〈黎明的通知〉，寫於一九四二年，亦即抗戰進入最艱苦的階段，有如漫長黑夜將結束，黎明的曙光就要到來的時刻。爲了激發民心士氣，堅定勝利的信念，詩人及時地發表這首〈黎明的通知〉，等於向全民寄發了一則令人鼓舞的訊息。

這是一首兩行體的抒情長詩，每節兩行，全詩三十二節六十四行。在詩中，黎明以「白日的先驅，光明的使者」身份，請詩人告訴各階層，各行業，所有的人，說他已踏著霧水，借著最後一顆星的照引而來，他將帶光明給世界，帶溫暖給人類。明朗的語句，快速的節奏，極具感染力，讀之令人欣奮、快慰。下面抄錄數節，以見一斑。

請叫醒一切愛生活的人
工人，技師以及畫家

請歌唱者唱著歌來歡迎
用草與露水所摻合的聲音

請舞蹈者跳著舞來歡迎

披上他們的白霧的晨衣
請叫那些健康而美麗的醒來
說我馬上要來叩打他們的窗門
請你忠於時間的詩人
帶給人類以慰安的消息

7

艾青不僅是中國當代大師級的詩人，在國際上，也是一位重量級的大詩人。中共建國後，曾先後訪問過蘇聯和南美，一九七八年復出後，又曾應邀訪問過歐洲和美國，寫過許多國際知名的作品，如〈在智利的海峽上〉、〈寫在彩色紙上的詩〉，〈一個黑人姑娘在歌唱〉，〈礁石〉、〈珠貝〉，〈牆〉（註八），〈在羅馬的大鬥技場〉等。本文只想提出〈礁石〉一詩，予以分析。

礁石

一個浪，一個浪
無休止地撲過來
每一個浪都在它腳下
被打成碎沫，散開……

它的臉上和身上
像刀砍過的一樣
但它依然站在那裡
含著微笑，看著海洋

一九五四年七月二十五日

〈礁石〉，是一九五四年七月，艾青訪問智利時的作品。就詩而論，礁石，原本只是一個沒有生命的物體，詩人寫它，乃是把它當作一個暗喻，一個象徵，所謂以物喻人，或以物喻物。詩的主旨在，礁石將一個個撲打而來的海浪粉碎之後，縱然滿身傷痕累累，「臉上和身上像刀砍過的一樣／但它依然站在那裡／含著微笑，看著海洋」。表示礁石所象徵的那個人物，無比堅強的毅力和信心。這個礁石，象徵的對象，是歷經人生挫折，依然屹立不屈的詩人？或突破環境重重壓力，依然屹立於世界的國家民族？讀詩，不能如此死板。好詩就像鑽石一樣，它的光芒是向四面八方輻射的。若然，說礁石既暗喻詩人，又象徵國家民族，兩者兼而有之，該是比較科學的論斷吧？

總之，〈礁石〉是一首具有高度象徵意味的作品，就其風格而言，也是卓然不群的佳作。此外，還有值得一提的是，〈礁石〉的寫作環境、是在遙遠的南美，詩中卻不曾夾雜半個洋文，字字句句，都是乾淨俐落的中國語言。只此一端，便該乾一大白。

8

一九七八年，艾青復出文壇，被壓抑了二十年的創造力，立刻找到了爆發的缺口，在極短時間內，接連發表了許多富有深意的作品，像〈迎接一個迷人的春天〉，〈窗外的爭吵〉，〈海水和淚〉，〈光的讚歌〉，〈魚化石〉，〈盆景〉等，篇篇都是萬人口碑的佳作。尤其抒情長詩〈光的讚歌〉，更是佳作中的頂尖作品，不能不略加探討。

〈光的讚歌〉三百多行，共分九章，各章自成單元，合起來便成一個不可分割的整體。第一章，從每個人的一生，只要睜開眼就追求光明，說明光對人生的重要；第二章，述說只因有光，世界才有美，一切的美都和光在一起；第三章，寫光的來源，光的存在價值；第四章，寫光明和人間的醜惡相爭戰；第五章，寫光明戰勝黑暗的歷程；第六章，寫光俯視人類歷史長河的進展；第七章，寫生命在燃燒中發出璀璨的光；第八章，詩人在光的照耀中，高歌前進；第九章，繼承祖先的榮光，如撐開光的翅膀，飛向明天，飛向太陽。它的結構龐大，內容繁複，在明朗的語言中，包涵著深刻的思想，豐富的感情，悠遠的哲思。它是一個發光體，光芒四射，直探大千和小千。

下面摘錄一小節，沒有讀過原文的朋友，請你看看、想想。

光從不可估量的高空
俯視著人類歷史的長河
我們從周口店到天安門
像滾滾的波濤在翻騰
不知穿過了多少的險灘和暗礁
我們乘坐的是永不沉沒的船
從天際投下的光始終照引著我們……

——〈光的讚歌〉第六章第一節

9

回顧艾青六十年的創作生涯，從早期〈ORANGE〉、〈蘆笛〉、〈巴黎〉的歐化浪漫，經過〈大堰河——我的褓姆〉的轉變方向，到〈雪落在中國的土地上〉、〈手推車〉、〈北方〉、〈曠野〉、〈我愛這土地〉等大量關注農村生活，爲農村的貧窮、落後，農民的苦痛鳴不平；到了抗戰時期，又寫出許多鼓舞民心士氣反映時代精神的作品，如〈向太陽〉、〈火把〉、〈吹號者〉、〈他死在第二次〉、〈人皮〉、〈黎明的通知〉等，大體上，可以看出，艾青的作品，在現實主義的指標下，已經形成其獨立的，但卻大衆化的特色與風格。

迨至一九七八年，詩人復出，新作大量出現，尤其〈光的讚歌〉的完成，再回頭檢視其作品，我們欣然發現：艾青一生的作品，就是一個太陽在發光，發熱。太陽，燃燒的太陽，已經成爲艾青作品的中心主題和意象，而且是從〈ORANGE〉詩中，那個「圓圓的——燃燒著的 orange／像燃燒著的太陽般……」的胚胎發展壯大起來的。其生態路線是：〈ORANGE〉→〈太陽〉→〈向太陽〉→〈火把〉→〈給太陽〉→〈黎明的通知〉→〈光的讚歌〉。從最初那個心的象徵，熱情與甜美的太陽，到若火輪向詩人滾滾而來的眞實的太陽；再轉化爲不朽的哲人，白日的先軀，光明的使者；到了最後，在〈光的讚歌〉中，一變而爲高遠而不可及的理想、眞理的象徵。這一井然有序的脈絡，乃是詩人作品中，那個永遠燃燒的太陽，潛在生命成長發展的結果，也是詩人偉大的創造性結晶。

總之，從艾青太陽系列作品特質的陽剛性，多數作品內涵的代表性，語言表達上的明朗口語性，意象運用上的確切清晰性，幾個方面綜合觀察，這也正是艾青數十年創作的特色，以及形成其雄健壯美詩風的所在。至其主流作品之外那些鄉土性、國際性，或是技巧上的象徵性的作品，應該視爲大河的支流，或大樹的繁茂枝葉，而爲多彩多姿的風貌。

在燃燒的太陽下，流火的七月中，匆忙成文，不周與失誤之處，一定很多，還請方家指正。

註一：覃子豪，一九一二年一月生於四川省廣漢縣，一九六三年十月十日卒於台灣。著有詩集〈海洋詩抄〉、〈向日葵〉、〈畫廊〉；詩論集〈詩的解剖〉、〈論現代詩〉等。

註二：見〈覃子豪全集〉第二冊〈詩的藝術〉之〈風格〉篇。一九六八年台北版。

註三：一九四七年上海新新版。

註四：見《詩篇》九〈技術〉。

註五：〈巴黎〉詩中的句子。

註六：〈監房的夜〉詩中的句子。

註七：〈ORANGE〉寫於一九三三年七月十七日，〈蘆笛〉寫於一九三三年三月二十八日。

註八：詳見周紅興著《艾青的跋涉》七十四至七十五頁。

註

九：筆者曾撰〈讀艾青的〈牆〉〉，發表於《葡萄園》詩刊一零九期。

一九九一年七月《葡萄園》詩刊一一一期

一九九一年八月廿六日北京「艾青作品國際研討會」宣讀

2003年10月20日，出席金華詩會，在艾青紀念館前留影。左起：陳錦標、秦嶽、金筑、江樹鑾、賴益成、高瑛、晶晶、李政乃、文曉村、王祿松、屠岸。（邱淑嫦／攝）

花與神

·略論雁翼的情詩

曾經出版過大陸作家古繼堂所著《台灣小說發展史》、《台灣新詩發展史》，和大陸詩人徐剛所著《范增傳》的同一家出版社，最近又出版了大陸著名詩人雁翼的情詩集《花之戀》。由於某種因緣，筆者在此書的出版過程中，有幸三次細讀，深感雁翼收錄於《花之戀》中的情詩，不僅風格獨特，與衆不同——尤其與台灣出版的一般情詩，在風格表現，廣度與深度上，大異其趣，而且用情之眞純，想像之優美，極具感性，應能獲得甚多讀者的喜愛，故願向讀者朋友略述我的感懷。

雁翼，本名顏鴻林，河北館陶人，一九二七年生。現任世界華文詩人協會會長，香港黃河文化出版社總編輯，中國作家協會會員，著有長短詩集《東平湖鳥集》、《給燕子》等三十五種，連同詩論集《詩的信仰》，小說《愛的誘惑》，劇本《風雪劍》等，已出版各類作品五十二種，稱得上是一位才情洋溢，創作力旺盛的作家和詩人。

曾以一百二十萬字長篇小說《紅塵》，連奪嘉新優良文學著作獎，和新聞局文學著作金鼎獎的前輩詩人小說家墨人先生，在《花之戀》的序文中，有過如下的評論：「他的眼光遠大，胸襟寬廣，天地皆詩。他的筆縱黃馳騁，情懷浪漫，卻操守很嚴，格調也很高，而又溫柔敦厚，絕無狂妄囂張之氣，所以能成大器。」絕非過譽。

要想深入瞭解某位詩人的作品，必須先瞭解其詩觀。雁翼在《花之戀》中，有一首代序的詩，〈詩的自白〉，正好為我們提供了一把開啓其詩之大門的鎖匙，其詩如下：

我不是火
不能給你光和熱
同時，我也不是黑暗
不能把你的光輝襯托
我不是水
不能濕潤你乾裂的唇
我不是花
不能點綴你寂寞的生活
我是什麼？我是什麼

像夢沒有形，像空氣沒有顏色
我只是想像中的銀幕
任你用生命的光影投射
但倘若你自己心裏的火已經熄滅
不要責怪銀幕的荒漠

——一九七九年春

在這首詩中，詩人將詩界定爲「想像中的銀幕」，但必須詩人「用生命的光影投射」，一旦詩人心裏的火熄滅，銀幕便成一片「荒漠」。詩是生命的投射，失去生命，詩必枯萎。情詩亦當如是觀。

在台灣詩壇，三十多年來，現代詩運動的怪象之一是，對情詩的不當貶抑，很多詩人都避諱情詩，認爲情詩必然會因偏重情感而「濫情」，而不夠「現代」。敢於不避諱情詩，甚至長期以來以情詩廣受讀者歡迎的，只有女詩人席慕蓉、胡品清，和近年來的涂靜怡、莊雲惠等少數幾位而已。她們的情詩，儘管風格上互有差異，但都是出之以短詩的形式，則完全相同。

大陸詩人雁翼的情詩則不同，除了一般的短詩之外，更多偏重長詩和組詩的創作。如一百多行的〈花之戀〉、〈愛的思索〉、〈杜鵑花傳奇〉等，都是分爲二十多節的長詩；〈情史的十四行詩〉、〈女人的十四行詩〉、〈隨感的十四行詩〉等，則是少則七首多則十首的組詩。本文謹就最具代表性的〈花之戀〉、〈愛的思索〉。〈情史的十四行詩〉三篇略作介紹。

〈花之戀〉每節四行，共二十八節一一二行。詩人藉花的形象，抒發心底的情、文詞淺顯、涉面寬廣，這裏，摘錄幾節，也許可以由一斑而窺全豹。

7

有的朵兒很小
在大的葉下藏身隱形，
只用清郁的香，
把美感加濃。

8

有的朵兒很大，
在小的葉上舞姿弄影，
像一個狂教徒，

把心獻給虛空。

9

供桌上的花，
儘管營養著蛋青，
心卻是寂寞的，
沒有來訪的蝶、蜂

10

還是開在荒野吧，
儘管風熱雨冷，
心卻是自由的，
無需向誰殷勤獻情。

〈愛的思索〉每節五行，共二十七節一三五行。是透過理性的思考，感性的語言，對愛的眞諦作深廣的探討，從歷史人物，到現實生活，有熱情的讚頌，也有嚴詞的批判，是一首極具深義的情詩。據該詩的〈附記〉說明，〈愛的思索〉全詩，曾於一九八三年三月六日在北京中央人民廣播電台配樂播出，廣獲好評。這裏，也摘錄幾節，以見一斑。

4

愛情，單純得如一顆寶石，
晶瑩、透亮。
映照了人們靈魂的——
美與醜，
淨與髒。

5

又複雜得如一張
迷亂、神奇的網，
多少蓋世英雄，
明智的帝王，
都在愛情網裏失去了反抗。

14

是什麼魔術？
把不相愛的人，

吸引到一張床上，
又把相愛的心，
禁錮在不同的地上。

26

愛就純潔的愛吧，
不要把父母地位的砝碼，
加在愛情的天平上。
難道什麼書記的兒子，
必須配一個什麼長的姑娘？

27

赤誠的愛情，
是雙方無私的給予！
像火，互相燃燒，
像燈，在漫漫旅途中，
互相照亮！

〈情史的十四行詩〉是探討愛情的組詩，共十首，從「心的門悄悄被推開」的少年，到「生命之樹的花朵」，「爲愛而開放／爲愛而芬芳／爲愛而美麗」，到愛的「最高峰是近乎死亡的一種瘋狂」，直到「愛是一種生命的沉澱」的老年，歸結到「愛是宇宙間至高無上的神」，將人生的愛情作了系統的呈現。與〈花之戀〉〈愛的思索〉的風格表現，情趣迥異。茲將哲學意味頗濃的第六首抄在下面，供讀者咀嚼、思考。

佛家道家都是研究愛的宗教
一個結論是空
一個結論是不可知
而我說，愛是一種神奇寶藏的
探索和開發
心很小很小而又無比浩大
寬過海又深過海
誰要敢斬風破浪的開採
誰將是人類最大的富翁
而逃避者只能收獲泥沙

連無知的蜜蜂也懂得這個道理
把一朵小花視為宇宙
用固執的愛提煉
一個甜蜜的世界

一個具有思想深度的詩人，即使在情詩的創作中，也會往往情不由己地將男女之愛，擴展到家國之思的大愛中，〈花之戀〉集中便不乏這樣的作品。其中〈故宮的龍椅〉，給我最深的感受。全詩如下：

我來參觀，難道僅僅觀賞／那一堆著名的朽木！雖然被彩緞被虎皮被金花銀鳳，被／各色寶石精心裝飾，但／還是無血無肉無心的木頭／一朝又一朝的被爭／被奪／被搶／浪費了太多的心思／眼淚／血，和／精緻的詭計／漫漫歷史，原本是演了又演的／搶椅子的遊戲

參觀過故宮龍椅的遊人何止千萬！能寫出這樣深情諷刺詩作的，卻只有獨具慧眼的雁翼。

一九九二年一月二十二、二十三日《台灣新聞報》副刊

氣象萬千爭輝映

·談兩岸詩歌交流的大勢

自一九八七年十一月台灣開放民衆探親，海峽兩岸政府均採行比較開明的開放政策，台灣同胞前往大陸探親、旅遊、投資經商者，截至目前爲止，已超過五百萬人次以上，大陸同胞來台灣探親訪問者，也有三萬六千多人次。台灣作家、詩人、學者前往大陸探親和從事文學交流的人數，迄今雖無統計數字，筆者估計，至少應在千人以上。大陸作家、詩人、學者，應邀訪問台灣，從事學術交流（包括經由海外管道）及探親者，大約也有數百人次。只是，大陸詩人詩學家應邀直接訪問台灣從事文學交流者，卻寥寥可數，而有待雙方繼續努力。

但是，大陸詩人的作品，卻是千流匯一奔向台灣，洶湧澎湃，勢不可當。近年來，台灣多家報紙的副刊，已不時刊登大陸包括新詩的各種文學作品；幾項大型的文學獎，亦公開採納大陸作家的作品；尤其各大詩刊，更是門戶洞開，大量刊登大陸詩人詩評家的作品。茲以筆者較熟悉的幾家詩刊爲例，略述如下：

一、具有三十一年歷史，長久以來一直倡導明朗、健康、中國詩風的《葡萄園》詩刊，自一九八八年三月一零一期發表〈大陸詩人三十家〉起，到一九九三年八月出版的一一九期止，共發表大陸詩人詩評家二九〇人的詩作六一〇首，評論五六篇。此外，該刊爲慶祝創刊三十周年，於一九九二年八月所出版的《葡萄園30周年詩選》（全部作品均選自最近十年的《葡萄園》詩刊）中，入選大陸詩人也有八四位，占該書入選二三九人的百分之三六——包括老詩人艾青、魯藜、鄒荻帆、吳奔星、晏明；花甲詩人雁翼、流沙河、邵燕祥、莫文征、阿紅、茜子；中壯詩人古繼堂、弘征、水曹郎、林染、姚學禮、吳曉、趙跟喜；青年詩人楊牧、葉坪、藝辛、夏末、谷未黃、周瑟瑟；女詩人曉剛、李小雨、孫大梅，朱竹、朱瑞、黃殿琴；回族詩人姚欣則、馮福寬、何克儉、賈羽；蒙族詩人查幹；彝族女詩人巴莫曲布嫫等。作品一一九首。在兩岸詩歌交流中，具有重大的意義。

二、由女詩人涂靜怡主編的《秋水》詩刊，自一九八九年十月63期，開始發表大陸作品，到一九九三年四月77期止，共發表大陸詩人二五〇人的詩作五七八首，評論三四篇。又據筆者所知，《秋水》詩刊爲慶祝明（一九九四）年元月一日創刊二十周年，提前於本（一九九三）年十月出版之《秋水詩選》，入選大陸詩人爲八十人，占該書全部入選詩人一六〇人的二分之一，足見該刊，對大陸作品的重視。

三、由瘂弦、洛夫、張默所主導的《創世紀》詩刊；由朱學恕主持的《大海洋詩刊》；

由李春生總編，兩年前復刊的《海鷗》詩刊；由周伯乃、王幻、一信主導，去（一九九二）年十二月新創刊的《中國詩刊》等，差不多每期均以三分之一左右的篇幅，刊登大陸詩人詩評家的作品。由《世界論壇報》闢設，劉菲主編的《世界詩葉》雙週刊，近年來，每期更以三分之二的版面，發表大陸詩人的作品。由向明任社長，白靈任値年主編，本年元月一日創刊的《台灣詩學》季刊，在前兩期中即以「大陸的台灣詩學」爲重點，展開積極討論，爲兩岸詩歌交流注了新的活力。

四、大陸詩人詩評家的詩集詩選詩論，如艾青的《艾青詩選》，雁翼的《花之戀》，北島、顧城、舒婷等人的詩選集，詩學家古繼堂的《台灣新詩發展史》、《台灣新文學理論批評史》，古遠清的《詩歌分類學》、《中國大陸當代文學理論史》，王常新的《文學評論發凡》等，均已在台灣出版發行，並且受到相當的歡迎和肯定。

以上是僅就筆者手邊的資料所及，也可大略看出，台灣地區在兩岸詩歌交流中的概況。另一方面，對於大陸詩壇的資訊，筆者所知有限，但從已經接觸到許多詩刊詩報中，亦可約略發現下列幾點：

一、大陸詩壇和學術界，對台灣新詩的研究，大約始於一九八〇年人民文學出版社印行的《台灣詩選》，之後，每年都有一、二本選評的專書出版，到一九八七年兩岸政府都採行更爲開放的政策後，各種台灣詩選和賞析性的專集，更是千姿百態地紛呈，比較重要的，像流沙河的《台灣詩人十二家》、《台灣中青年詩人十二家》、《余光中一百首》、劉登翰的《台灣現代詩選》，非馬的《台灣現代詩四十家》，葛乃福的《台灣百家詩選》，古遠清的《台港朦朧詩賞析》、《台港現代詩賞析》，耿建華、章亞昕的《台灣現代詩歌賞析》，古繼堂的《柔美的愛情——台灣女詩人十四家》，《台灣女詩人五十家》，陳紹偉的《台灣愛情詩賞析》，鄒建軍的《台灣現代詩論十二家》等，不下數十種之多。台灣詩人個人詩集在大陸出版的，也有席慕蓉、張香華、涂靜怡、楊平、張朗等。

二、大陸的詩人詩評家近年來也頗熱衷於對外的發展，五年半來，單在《葡萄園》一家詩刊上，出現的大陸作者即多達二九〇人，發表詩與評論六六六篇。這些作品，誰也不敢說，沒有瑕疵，但從促進兩岸詩歌交流的觀點而論，我們仍願給予正面積極的評價。

三、包括詩歌在內的台灣文學的研究，目前幾乎已成大陸學術界的「顯學」，除了北京中國社科院早已設有「台港文學研究室」之外，近年來許多省級的社科院和重點大學的中文系，也都紛紛地成立了（或正籌備成立）台港文學研究所或研究中心。對未來兩岸文學的交流和研究，勢必會掀起一波一波的高潮。台灣文學界，包括詩壇在內，應該給予積極地支持。

四、在大陸許多詩刊詩報中，雖然偶而也能讀到幾首台灣詩人的作品，但數量實在少得可憐。不知是門檻太高？還是缺乏稿源？應該加以重視。

五、從許多來稿的封口上，我們常常發現，在兩岸文學的交流中，仍然存在著非文學性的干擾，不論是來自此岸或彼岸，都是十分落伍的做法。

綜合以上兩岸詩歌交流的大勢，我願以「氣象萬千爭輝映」，給以高度的肯定和評價。如何更進一步地開展兩岸詩歌交流，努力破除某些非文學性的干擾，該是我們詩刊、詩人、詩學家們共同努力的課題。

就創作而言，詩人必須努力排除個人短暫的私利，任何一味追求眼前利益的作品，時過境遷之後，便會失去意義，宣告死亡。詩人在狹窄的天地中，低頭只能看到自己的身影。他必須從暗室或狹谷中走出來，才能擁有寬闊的心胸，高遠的視野，才能想得深，看得遠。才能寫出超越個人利害的，更具深意的作品。

就客觀的批評而言，兩岸的詩評家在選擇作品給以批評時，都必須特別謹慎，不能一味地只選某類作品，那會誤導作者，甚至使讀者乏味，倒胃口，扼殺詩人的創造性，詩評家必須要有詩藝的良知，要敢於面對兩岸的作者和讀者。

至於詩刊的編者，在促進兩岸詩歌交流的前提下，如何以更寬闊的心胸，兼容並包，接納各種風格不同的作品，讓作品與作品交感，心靈與心靈握手，應該建立普遍的共識。他山之石，可以攻錯。在這方面，兩岸詩刊的編者，千萬不要放棄攻錯的機會。

願我們都能高瞻遠矚，不只是要看到兩岸詩歌，兩岸文學交流的今天，也要看到兩岸發展的未來。

一九九三年七月《葡萄園》詩刊
一九九三年九月六日重慶西南師大
九三華文詩歌世界學術研討會發表

1993 年 9 月 6 日，作者與（左起）台客、張朗、金筑、劉菲，出席重慶西南師大「93 華文詩歌國際學術研討會」留影。

讀屠岸《深秋有如初春》的聯想

非常高興，六月二十日，收到吾兄自北京掛號寄來的，大著《深秋有如初春》詩選集。你可能不會想到，我只是一眼看到這個《深秋有如初春》的書名，內心便湧起一陣親切溫馨的喜悅之感。那是因爲四年之前，在《葡萄園》詩刊一四七期，便已讀過你那首同名的〈深秋有如初春〉的詩作，二〇〇一年，輪由我擔任《中國詩歌選》主編時，又將這首表現優異，又深具含義的作品選入書中。這年的《中國詩歌選》，共選了一〇三位詩人，每人只選一首，詩後並有精要的點評。爲你這首作品寫點評的，是我們的編委之一，你所認識的詩人畫家王祿松。這篇點評也是他在整本詩選中所寫的唯一的一篇，全文二一〇字，分三段，茲將第二段抄錄如下：

用逾越半世紀的大愛情懷，煉一爐皎皎春色。歷七千秋風霜歲月，採一籃馥馥花香。行走過暴風雨刨刮的土地，看斑斑血淚，奔來筆下，都化做蜂繞蝶舞的勝境。搓揉九秋肅氣，以由衷的讚詠，轉大地飛花爲另類的青春。

我讀書有一個習慣，就是先閱讀序跋和相關的文字，爾後，才閱讀正文如詩歌的創作，目的是想從序跋文字中，尋找開啓創作的門徑，達到深入堂奧，發掘情眞詩美的樂趣。惟近年體力視力日差，每次有效的閱讀時間，只能維持一兩個小時，稍感倦乏，便須躺下休息。因此，每天的閱讀或寫作，都不會超過四個小時。說來眞是可悲！也因此，許多朋友寄贈的書刊雜誌，都只能閱讀一部份，便歸入書架。

但兄之大著，我卻是花了五天的時間，如品享美酒佳釀，一字不漏地，讀完了全文，得到了許多快樂和教益。

首先映入眼瞼的，是書前扉頁的照片，尤其是一九八四年十一月三日，立在倫敦海格特公墓馬克思墓前和朗誦詩歌的那兩幅，使我非常自然地想到，一九九九年七月四日，你以中國作家協會代表團團長的身份，在台北市和平東路台灣師範大學國際會議廳，出席「兩岸女性詩歌學術研討會」致詞，朗誦英國詩人濟慈詩歌的風度，以及會後我們一同遊覽台灣九族文化村、日月潭，阿里山看日出遇雨，在細雨中的森林公園漫步，西子灣海濱享受陽光，前後九天相處中，你的言談舉止，如在眼前。我贊許牛漢先生的說法，你是一位「學者型詩人」。在當代詩人的形象中，吾兄堪稱典範而無愧。

幾幅清朗疏淡的揷畫，也能給人高雅脫俗之感。再看畫作的時間，竟然多是一九四三年，六十年前的作品，眞是難得、幸運。

在讀詩的過程中，你大概也不會想到，當我讀到你六十年前那首〈打穀場上〉，那個被日本鬼子一刀一刀殺死的新四軍，只是一個十五歲的少年時，竟然淚濕眼眶，合書沉思良久！而想到一九四四年十月，爲了抓住抗戰的尾巴，一穿上母親新做的棉襖棉褲，便在大雪紛飛中，直奔游擊隊的往事。那年，我十六歲。又想到我們那一代的青年，心裡所想的，只是如何能加入保衛祖國的行列，如何捨身赴死的決心。之後，經過多少槍林彈雨，居然未死，眞是奇蹟。

我也很感興趣地，讀到你一九四五年十一月十七日，爲一位十八歲女孩生日所寫的〈給茜子〉。就是在那首詩中，你因寫下：「我的心靈歡忻；深秋有如初春：蝴蝶繞我飛翻，雛菊向我點頭……」而種下一九九八年十月二十二日，創作〈深秋有如初春〉的新作。詩中：「再一次看見蜜蜂和蝴蝶／飛舞在舖滿菊花的小幽徑。」五十三年前的景象，再次來到眼前，來到詩中。而感到「這詩句攝魄勾魂：」「這詩句石破天驚！」「……在心碑上刻入永恆。」幾乎與此同時，即一九九八年十月七日，在另一首〈永遠相望〉中，你以最最聖潔的瑪利亞的形象，贊美思念中的那女孩：「處女瑪利亞的聖顏／大天使純潔的面龐／透過鐵格子窗櫺／映入凝望著的少年的眼眶／溫柔然而自尊／熱烈卻又端莊」。詩中以十個「五十三年」，反覆詠歎的，句句都是「刻骨銘心」的思念：「太平洋的大波隔不斷／百慕達的黑洞難阻擋／亞洲和美洲兩大陸／架起百靈銜羽的金橋梁……」而詩人的赤忱，千言萬語，只是「永遠相望／永遠相望……」讀詩至此，我要誠摯地祝福，爲你，也爲您心靈深處的「女神」。

吾兄在〈後記〉中，引某前輩詩人謙稱其「在詩史上只能是 minor poet（次要詩人），即不可能是 major poet（大詩人或主要詩人）。」相對之下，而謙稱「自己連 minor poet 也不夠格，」只是「詩陣地上的一名小卒。」毋寧是太過自謙了。我讀兄之〈進出石庫門的少年〉（二〇六行，一九四八年作品）、〈喉之歌〉（二〇六行，一九七九年作品）、〈遲到的悼歌〉（七十六行，一九九九年作品），便有如同閱讀杜甫「三吏」（〈新安吏〉、〈潼關吏〉、〈石壕吏〉）、「三別」（〈新婚別〉、〈垂老別〉、〈無家別〉）之感。「三吏」、「三別」之所以被後人譽爲不朽的史詩，就在於詩中紀錄了唐代「安史之亂」中，社會腐敗，人民生活痛苦的血淚史。吾兄之〈進出石庫門的少年〉，書寫上海解放前社會動蕩中的種種亂象；〈喉之歌〉和〈遲到的悼歌〉，控訴的都是「文革」十年動亂中，張志新、馬正秀等被冤殺的無數事件之一斑，這些不也都是具有當代歷史意義的作品嗎？遺憾的是〈喉之歌〉中被害斷喉嚨的張志新，雖爲大陸國內家喻戶曉的人物，但因事件發生於一九七五年四月三日，年輕一代的讀者，尤其被海峽長期封閉的台灣同胞和海外的華人，詳知事件原委的恐怕不多。建議有機會再版時，最好像〈遲到的悼歌〉，有一段附言說明。

其他佳作很多，容從略。我想特別一提的是，〈塑料耗子〉、〈舌和齒〉、〈巴西龜〉等的幽默諷刺，令人莞爾。中國讀書人，包括詩人，受儒家禮教思想影響太深，反映到文學上則是文以載道者多，幽默風趣之作很少。但願今後我們在這一方面多關注一些，讓讀者也能享受更多讀詩的樂趣。

我也注意到你的多數詩文集，如《啞歌人的自白》、《屠岸十四行詩》、《愛詩者的自白》，和這本新著《深秋有如初春》，有一個共同的特色，就是每篇作品，都註明了寫作的時間，這對有興趣的讀者，尤其是研究者，具有非常重要的參考作用。我個人在這方面便相當疏忽，因爲多數作品在出版專集時，沒有註明寫作的時間和發表的刊物，最近在寫一本小書：《文廬詩房菜》，爲了查考某些作品的寫作時間和出處，多次跑圖書館，翻查相關的報刊，吃了不少苦頭，有時還是一無所獲。

關於十四行詩，我的瞭解十分粗淺。你在這一方面，不論研究與創作，都是有目共睹的權威大家。在大著的附錄中，讀過你的〈十四行詩形式札記〉，和〈漢語十四行詩體的誕生與發展〉，便有上了一門專業詩課的感覺，眞的是受益良多。

最後，我想告訴你一個小秘密。那是二十年前，在我擔任《葡萄園》詩刊主編時，爲了減少處理稿件的困擾，曾經決定不發表長詩、組詩、散文詩和兒童詩的原則，而儘量多刊發具有深意而又有所表現的精短之作。但一九九九年冬季號（一四四期），《葡萄園》卻破例一次刊發了吾兄的《寶島詩蹤十四首》。原因有二：不只是你曾率團來台北出席了破天荒的「兩岸女性詩歌學術研討會」，我們之間建立了深厚的友誼；更因爲你那十四首十四行體的《寶島詩蹤》，也是兩岸詩歌文化交流的結晶，具有詩史的深意。這十四首作品，被你編入

《深秋有如初春》第二編的第四輯，我和《葡萄園》的同仁，也都同感與有榮焉。

想說的話，還有很多、很多。暫且打住。

二〇〇三年八月《葡萄園》詩刊
一五九期
南京《開卷》雜誌二〇〇三年
十一期

1999 年 7 月 4 日，在兩岸女性詩歌學術研討會開幕式中，文曉村代表中國詩歌藝術學會致贈大陸中國作家協會代表團團長屠岸銀牌後合影。（邱淑嫦／攝）

金沙，燦爛的陽光

·讀成幼殊詩集《幸存的一粟》

因北京著名詩人翻譯家屠岸先生的介紹，有緣拜讀成幼殊女士詩集《幸存的一粟》，閱讀中有許多篇章，令人感動、敬佩，我雖身體不佳，仍極願將讀後心得，公諸詩壇，藉表對作者萬里贈書的謝意，也請方家讀者指教。

這本書沒有「作者介紹」的專頁，但我從屠岸先生的序文和諸多詩歌的附記，或部分照片的說明中，似可簡述如下：

成幼殊，一九二四年生於北京，上海聖約翰大學肄業。曾參加抗日地下工作。一九四二年開始新詩創作，主要筆名為金沙，偶而也用過李舒、紅虎等。一九四六至四七年，曾和陳魯直、屠岸等十多位詩友，成立野火詩歌會，出版油印詩刊《野火》。一九四八年赴香港，躲避白色恐怖。一九四九年返回廣州，在《南方日報》擔任記者。稍後，同時與其詩友、戰友，終身伴侶陳魯直，奉調北京外交部，從事外交工作。曾先後在駐印度大使館，在紐約常駐聯合國代表團，駐丹麥大使館任職，直到離休。本（二〇〇四）年二月，曾和詩人石河等到台灣訪問。《幸存的一粟》，是其歷經反右、文革浪潮洗禮之後，畢生詩歌的總集，詩人謙稱爲幸存的滄海一粟，的確是難能可貴，值得慶幸。

成氏一門多傑，其父成舍我先生，爲二十世紀中國新聞界名人，二十年代初，即在北京創辦《世界晚報》、《世界日報》、《世界畫報》，風行海內。一九五〇年，大陸易幟後，全家在香港，各奔前程：其父舍我赴台灣發展，先後創辦世界新聞專科學校（後改世新大學），發行《台灣立報》，一九九一年病逝。其姐音樂家成稚璠（字之凡），赴法國留學，與法國工程師菲利浦•貝爾譚（Philippe Bertrand）結婚，自一九八一至二〇〇二年，四度參選法國總統，不計當選與否，目的只在藉機「有效地傳播中國文化」（見二三七頁），可謂中法文化交流史上一項特大號的傳奇美談（台灣媒體亦曾有過報導）。成幼殊和母親楊致殊回大陸，投身外交，詩作不輟，成爲現當代史上一位傑出的女性詩人外交家，可能也是士林獨一無二的異香果。

作爲成幼殊女士六十年詩友的屠岸先生，對成氏的詩歌有其長期深入的觀察，在序文中指出：「幼殊的詩的本質是『眞』，一切都是眞情的流露，眞實的感受，……」是「眞誠的靈魂」；其詩「講究意境」，是「來自天然」，不待外求，我甚同感。

我在閱讀中，喜愛的作品甚多，略舉數例如下：

一九四三年三月，詩人只是十九歲的大學生，竟能寫出極具創意的新民歌體：〈蘇州河岸接縴歌〉，歌頌勞動人民，在勤勞的生活中，表現出堅毅向前的積極精神。此詩共六節，每節四行，音韻自然，可歌可誦。茲舉其第四節，由一斑可窺全豹：

拉著縴繩，唉哼，去河上游，
拉著縴，拖著船，去逐那源頭，
三月裡的艷陽當頂曬，
一步一用力，唉哼，汗水流！

年輕的成幼殊，也是一位戰鬥的歌者，一九四五年十二月和一九四六年三月，爲聲援「一二·一」昆明慘案，和抗戰勝利後第一個國際三八婦女節，她爲上海各界的遊行隊伍，寫過慷慨激昂的〈安息吧，死難的同學〉，和〈姐妹進行曲〉，被譜曲演唱，造成轟動。

同一時代，有一首十二行的短詩〈隊伍〉，最後四行：

你可見過冬季裡，
那拾牛糞的老年人？

背著籮筐，伸出凍紅的手，
只為了來年的豐收。

讀這幾句詩，使我不自主地想起我的伯父，常在寒冬的清晨，挑起兩隻籮筐，到村外的道路上，揀拾已經凍成塊狀的牛糞和圓粒的驢糞，等待春天開凍後，撒到麥田裡作肥料的情形。那也是農村許多勞動者共同的形象。慚愧的是生長於農村的我，沒有寫過這樣生動的詩句，倒是被出身於大都市上海的成幼殊寫了出來，使我活到七十多歲，猶能記起少年時代的往事，可以見證詩歌力量，是多麼恆久而偉大！

我更欣賞的，則是作者自況的〈金沙自白〉這首詩：

雖然我很小，
我是金的。
把我放在火裡，
我還是金的。
我雖然是金的，

我很小。
把我和別的我放在一起，
不然我就沒有了。

我總在閃光，
我總在笑，
我總是快樂的。

我總在唱，
雖然聲音很小，
雖然你也許聽不見。
雖然你也許聽不見，
我總在小聲地唱。
因為我懷著感激，

要反映出燦爛的陽光。

這首詩寫於一九六三年十一月，也就是在一九五七年「反右」鬥爭餘波尚未完全止息時，作者以金沙自喻，表示金沙雖小，但它畢竟是「金的」。眞金不怕火煉，金沙也是眞正的詩人，詩人爲時代爲社會爲人民爲戰士從未停止過他的歌聲，「雖然聲音很小，雖然你也許聽不見」，但她「總在小聲地唱」。而金沙正是作者經常使用的筆名。這也是本文命題的由來。

類似〈金沙自白〉的，還有同時期的〈雪之歌〉：「我是雪，我是喜悅，我飛舞，天上人間」。不論「落在哪裡，溶在哪裡，化作春水，潺潺涓涓」。一派快樂、自適、瀟灑，無愧於天地父母，暗示出詩人人格情操的純潔與偉大。讀這首詩，不能不令人肅然起敬。

我也注意到詩人寫於一九七二年三月的一首兒歌，〈泡桐開花吹喇叭〉：

的的大，的的大，
泡桐開花吹喇叭
小喇叭，吹的啥？
吹起軍號快出發。
地裡秧苗長大啦，

叔叔阿姨把秧插。
不穿鞋，不穿襪，
不怕髒來不怕滑，
小苗移栽頂呱呱，
糧食堆成大寶塔。
支援建設保國家，
還要運到亞非拉，
國際主義開紅花。

這首詩寫於江西上高縣，五七幹校，五連托兒所，是作者和許多外交人員，下放勞動時，在自辦的托兒所擔任小班的保育員，每天「爲小不點們餵湯餵飯，弄屎弄尿，搖床推車，背來抱去」（見一八一頁），倍極辛勞，卻不厭其煩。看見宅前宅後成排的泡桐樹長大開花，喜不自勝，以兒童口語，創作出作者的第一首童詩。並引發出九年之後，奉調丹麥哥本哈根，安徒生童話故鄉期間，〈動物的話〉、〈白雪公主〉、〈影子〉、〈貓的傳說和過節〉等一連串童話詩歌的創作。也算因禍得福的一章。

最後，必須特別指出的，乃是《幸存的一粟》這本詩集，在編輯體例中，與一般詩集完全不同，作者不但搜集了超過百幅與自己相關的照片，附於相關詩後，而且在照片或詩後也有詳細的說明。就其內容而言，對於作者及成氏家族的人事變遷，具有史傳的意義。同時，對同一時代的同學故舊，也有其時代滄桑的人文關懷，讀者不能不隨其或喜或悲而感嘆不已。但整體而言，金沙，畢竟是燦爛的陽光。作爲一個萬里隔海的讀者，我願《幸存的一粟》的問世，爲中國詩壇增大光彩，敬致衷心的祝福。

二〇〇四年五月《葡萄園》詩刊一六二期
二〇〇四年九月北京《新國風》詩刊轉載

懷念詩人吳奔星教授

——兼談吳奔星詩歌藝術的相對論

本（二〇〇四）年四月二十日，南京師範大學離休老教授，詩人詩論家吳奔星，以九十二高齡辭世，消息傳來，仍感突然，悲傷，難捨。

回憶一九八八年三月，《葡萄園》詩刊一〇一期，破天荒刊出《大陸詩選三十家》，開始推動台海兩岸詩歌交流的第二年，也就是一九八九年七月，《葡萄園》詩刊第一〇五期，便刊有吳奔星教授致旅美詩人紀弦的詩歌〈你是一顆懷鄉樹〉。之後，吳奔星教授便源源不絕地，給《葡萄園》詩刊寄稿，至一九九五年三月一二五期止，六年之內，共發表詩歌、詩論、隨筆等達二十五篇之多；其中詩歌十八篇。詩論中有〈新詩的凝煉與散文化〉、〈詩人的歷史使命〉、〈詩歌爲伴六十年〉，並爲時任《葡萄園》主編的吳明興的〈山居〉，和我的〈老校長〉，寫出精闢的專文評介，對八十年代之末開始的兩岸詩歌交流，作出了可貴的貢獻。

就個人而言，同樣可貴的是，一九九一年八月，「艾青作品國際研討會」在北京人民大會堂（開幕式）和首都賓館舉行期間，我和吳奔星教授還有緣相會，並利用晚間休息的空檔，有過兩次親切的交談。也留下一幀珍貴的照片。（照片左起：筆者、吳奔星、魯藜）。二〇〇四年四月，我在台灣詩藝文版《文曉村自傳‧從河洛到台灣》的書前，也收錄了這張照片，顯示我們之間的友情。一九九一年五月，吳奔星夫人李興華女士來台北探親，我和葡萄園詩社同仁宋后穎、張朗、舒蘭、吳明興、劉菲等，曾在台北教師會館設宴歡迎。台灣詩人去南京訪問時，吳奔星教授也多參與接待。這些，都已成爲歷史，容不細述。下面，我想談談個人閱讀吳奔星詩歌的感想。

因爲海峽隔絕，吳奔星教授的幾本詩集，我都無緣接觸，但僅從《葡萄園》詩刊中所讀過的十八首詩作而言，已經使我留下非常深刻的印象。

作爲一個時代的詩人，我發現，吳奔星的多數詩歌，都與時代的脈搏，社會的律動有著千絲萬縷的聯系。例如：寫於一九八八的〈等待〉：「我在這邊等待，你在那邊等待。要是咱們有能耐，一腳跨越海峽，神氣是多麼豪邁」（〈等待〉第一節），詩中所反映的，絕非「我」和「你」兩個人；而是上個世紀八十年代兩岸開放之後人民的心聲。再如：

期待的春天

暮春三月，
江南草長，
雜花生樹，
群鶯亂飛。
——梁・丘遲句

僅僅草皮返青
僅僅盆景如山
僅僅籠鳥和鳴
只不過是尋常的公園
機巧的人口
製造不出春天

要有草色自然地蔓延
要有雜花自然地怒放

要有群鶯自然地亂飛
要有無孔不入的春色
才是你、我、他
共同期待的春天

這是以丘遲的名句爲觸媒，引發而出的兩個不同的春天。前者只是人工製造的「草皮」，「貧景」、「籠鳥和鳴」，是春天的假象；後者「草色自然地蔓延」、「雜花自然地怒放」、「群鶯自然地亂飛」，才是我們大家「共同期待的春天」。這是文字的第一層意義，是任何讀者都能理解的。

就寫作技巧而言，這裏的兩個「春天」，都是象徵筆法的暗喻。它喻示的，應該是上個世紀八十年代大陸改革開放之後，詩人心眼所觀察到的社會景象吧？詩人是有所批評也有所期待的。這種內涵，反映到前後兩節的結構上來看，詩人不只是善於運用修辭學中的對比映襯法，而且也非常自然地流露出學者詩人的人文素養和辯證哲理的思考。這種對比的技巧和辯證的思維，我以爲這是吳奔星詩歌藝術中的相對論。這種寫作技巧，並非個別現象，而是相當普遍的存在。後文再談。這裏，先說一個小插曲。

一九九二年，《葡萄園》詩刊創刊三十周年時，我主編出版了一本包括兩岸三地詩人作品的《葡萄園三十周年詩選》。在第二部《大陸之卷》中，不但收錄了吳奔星的〈綠遍江南〉和〈期待的春天〉，而且還以〈期待的春天〉的第二節，置於卷首，象徵那個時代大陸詩人共同的心聲。

下面請看吳奔星的〈灰塵與人〉、〈時間與愛情〉：

灰塵與人

人們
討厭無孔不入的
灰塵

灰塵
碰見有孔必鑽的
人們

彼此面熟

相對無言

時間與愛情

時間是久遠的，
愛情是短暫的。

久遠的時間不等人，
短暫的愛情卻老人。

時間不留任何水分，
愛情卻殘留不少淚痕。

時間延長為歷史，
愛情濃縮為人生。

時間與愛情是兩面鏡子，

照見你、我、他的靈魂。

顯然，〈灰塵與人〉是一首非常犀利的諷刺詩，灰塵是「無孔不入」，人們（有些人）卻是「有孔必鑽」，彼此本質一樣，見面時只能「相對無言」，誰也不必責備誰。灰塵與人，是相對的存在，卻不是絕對的對立。奧妙的是，兩者都是令人不齒的小人與垃圾。

〈時間與愛情〉，前四節句句相對，最後一節，將時間與愛情，比喻爲「兩面鏡子」，卻能照見每個人的「靈魂」，達到既相對而又統一的觀點。詩中眞知灼見的哲理，自不待言。

其他作品（就我讀到的吳奔星的詩歌而言），如〈兩個月亮〉、〈山與人〉、〈哭與笑〉、〈籠中鳥〉等，詩人採用的，全是相對論的筆法，無不流露出學者詩人的素養和哲理的思維。我相信，一定還有更多的作品，可資佐證。但願我的一管之見，能夠拋磚引玉，爲研究吳奔星詩歌藝術的朋友，提供一把小小的鑰匙。

二〇〇四年十月南京《揚子江》詩刊

五十年來台灣詩風的演變

一、緣　起

一九九五年九、十月間，台灣《葡萄園》詩刊，與中國詩歌藝術學會組「九歌行訪問團」，到大陸訪問，由北而南，從哈爾濱、瀋陽，北京、石家莊、鄭州、洛陽、開封、上海、張家港、到杭州，前後一個月，與各省市文聯、作協、三個詩社和三個大學中文系所等，從事詩歌座談交流，頗為成功。

其間，十月二日，訪問團七人，分成兩組，一組由台客帶路，和麥穗、宋后穎、賴益成等，去開封拜訪河南大學張俊山教授和詩人蘇文魁；另一組金筑、劉建化和我三人，由鄭州大學單占生教授陪同，應鄭州一個民間詩刊《DISCOVERY》邀請，舉行了一次座談會。該刊以倡導「有所發現的詩」為宗旨，宣揚「存在即將敞開，世界即將發現」的觀念，頗有存在主義的精神。他們的編輯群田桑、楊吉哲、胡羊、南北、徐柏堅等，都作了熱情的發言。我在回應中，曾坦誠指出：「台灣的現代詩，在三十年前，也曾倡導過存在主義，但這個惟西方

馬首是瞻的時代已經過去了，今天在大陸再來唱導這種詩歌觀念是否適當，值得思考。」（註一）

這段話因係即席發言，過分簡略，但卻涉及到台灣詩風演變的問題。多年來，我一直想對這個問題，寫一篇比較深入的論文，卻因種種原因而未果。今西南師大中國新詩研究所舉辦首屆「華文詩學名家國際論壇」，本人受邀被指定提出一篇主題講演，謹以本文提出一些個人淺見，敬向海內外詩壇方家請教，兼以回應鄭州《DISCOVERY》詩社諸詩友。

二、五十年代的詩刊與風潮

一九四九年，在內戰中失敗的國民黨政府，退守台灣。政局稍稍安定後，一九五一年十一月五日，由大陸抵台詩人葛賢寧、鍾鼎文、紀弦三人發起，借台北《自立晚報》版面，創辦《新詩周刊》；不久，葛賢寧因故退出，詩人覃子豪、李莎加入，輪流執編，至一九五三年九月十四日停刊，共出版了九十四期。這是國民黨政府遷台後，由報紙版面出版的第一份詩刊，一般都認爲這是台灣五十年來新詩發展的源頭。

一九五三年二月，在大陸創辦過《火山》、《菜花》、《詩誌》、《詩領土》和《異端》詩刊（註二）的紀弦，在台北獨立創辦了《現代詩》詩刊。一九五四年三月，覃子豪、鍾鼎文、余光中、鄧禹平、夏菁等，組藍星詩社；六月，借《公論報》副刊版面，覃子豪主編創辦《藍星》周刊（註三）。同年十月，軍中青年詩人張默、洛夫，在高雄創辦《創世紀》詩刊。次年二月，《創世紀》第二期出版，詩人瘂弦、季紅加入同仁行列。

於是，五十年代上半期，《現代詩》、《藍星》、《創世紀》，便形成鼎足之勢。

此外，在五十年代中期，還有兩份詩刊，不能不提。它們是：一九五五年十二月五日，青年詩人陳錦標，在花蓮縣借《東台日報》版面，創辦的專刊新詩的《海鷗》周刊；和由詩人羊令野、葉泥，在嘉義縣借《商工日報》副刊版面，創辦的《南北笛》詩刊。惟均不到一年即停刊。

自五十年代中期，掀起現代詩風潮，影響深遠的，則首推紀弦主導的《現代詩》。據《紀弦回憶錄》第二部第五章，和林亨泰的一篇論文（註四）所透露，紀弦在一九五六年一月，組織「現代派」之前，曾邀請覃子豪、鍾鼎文，希望由「詩壇三老」，共同合作，組織「現代派」，但被他們拒絕。紀弦乃以《現代詩》爲班底，於一九五六年一月十五日，在台北市民衆團體活動中心，成立「現代派集團」。在同年二月出版的《現代詩》第十三期封面上，宣示「現代派信條」。封面內頁並刊出受邀加盟的八十三位詩人名單，加上稍後增加的十九人，合計一〇二人，可謂聲勢浩大。

紀弦擬定的「現代派六大信條」是：

第一條：我們是有所揚棄並發揚光大地包容了自波特萊爾以降一切新興詩派之精神與要素的現代派之一群。

第二條：我們以爲新詩乃是橫的移植，而非縱的繼承。這是一個總的看法，一個基本的出發點，無論是理論的建立或創作的實踐。

第三條：詩的新大陸之探險，詩的處女地之開拓。新的內容之表現，新的形式之創造，新的工具之發現，新的手法之發明。

第四條：知性之強調。

第五條：追求詩的純粹性。

第六條：愛國。反共。擁護自由與民主。

這六條，以第一條「我們是……自波特萊爾以降一切新興詩派之精神與要素的現代派之一群。」和第二條「我們認爲新詩乃是橫的移植，而非縱的繼承。」最爲詩壇內外所詬病。

《藍星》主編覃子豪於一九五七年，在《藍星詩選》獅子星座號，發表一篇〈新詩向何處去？〉，針對紀弦的「六大信條」，提出「六項原則」，予以不點名的批評。文中說：「中國新詩應該不是西洋詩的尾巴。」「中國新詩之向西洋詩去攝取營養，乃是表現技巧之借鏡。」「若是全部爲『橫的移植』，自己將植根於何處？」對於因強調主知而放逐抒情的論調，覃子豪也大不以爲然。他說：「情感來自心境，是人類的本性。詩無論進步到如何程度，抒情不會和詩絕緣，除非人類的感情根本滅絕。」新詩「必須以準確表現爲原則。」「不以畫人不像，便去畫鬼。」詩的「新風格要在自我創造中求完成。」等等。（註五）

這篇論文，態度誠懇，語氣溫和，卻引起紀弦的反擊，而以一篇〈從現代主義到新現代主義〉為回應。此後兩人又有多篇文字，你來我往，互不相讓；甚至雙方陣營也有同仁出場造勢。這是台灣現代詩運動中最重要的論戰。

一九五九年《創世紀》第11期改版後，放棄創刊之初所提倡的「新民族詩型」的主張，開始倡導超現實主義，強調詩的世界性、獨創性、純粹性，加強對西洋現代詩的介紹與實驗，進一步造成現代詩運動中混亂、晦澀、虛無的風潮，也頗有與紀弦主持的「現代派」爭奪領導權的架勢。

在五十年代的末期，亦即一九五七年七月，由女作家蘇雪林在《自由青年》發表〈新詩壇象徵派李金發〉，與覃子豪之間的論辯；和一九五九年十一月，因專欄作家言曦在《中央日報》副刊，一連四天發表〈新詩閒話〉，引起詩壇各派群起反擊，戰火延燒一年之久。表面看來，是詩人對外的勝利；相對地，對現代詩的缺失，亦有其針砭的作用。

三、六十年代，明朗與晦澀之爭

一九六二年七月，由王在軍任發行人，李佩徵任社長，陳敏華任副社長，文曉村任總編輯的《葡萄園》詩刊，在台北創刊。

該刊在《創刊詞》中，對現代詩過分西化，晦澀難懂的弊病，提出質疑，希望「一切游離社會與脫離讀者的詩人，能夠及早覺醒，勇敢的拋棄虛無，晦澀與怪誕而回歸眞實，回歸明朗，創造有血有肉的詩章。」宣示，新詩應走「明朗化」的道路。（註六）並刊出一連串的詩論和專論，討論明朗與晦澀的利弊得失。

因爲只談明朗與晦澀，極易陷入詩的風格問題，乃於第12期的詩論中，以《談現代詩的一個觀念問題》，強調指出：「因中國新詩在現代詩運動中雖然吸收了許多西洋詩的創作技巧和表現方法，但因它的語言和內容都是中國的，現代的；所以中國的現代詩並不是任何外國詩派的尾巴，也不是任何外國詩的翻版，……而是中國化的現代詩。（註七）

在另一篇社論中，他們也呼籲：「所有忠於中國的詩人，應該把凝視歐美詩壇的目光，轉回到中國自己的土地上；讓我們接受歐美現代詩的優點與技巧，而不爲其詩風面貌所左右、所迷惑；讓我們擺脫新的形式與技巧至上的謬誤；讓我們的新詩在中國的土地上扎下不可動搖的深根，來表現我們中國傳統文化熏陶之下的現代思想與現代生活的特質，以建設中國風格的新詩。」（註八）

非常諷刺的是，領導現代詩運動的紀弦，對現代詩這匹野馬的狂奔，也深感其危險，繼一九六二年七月在《葡萄園》創刊號上高呼：「回到自由詩的安全地帶吧！迷途的羔羊們！」（註九）又在一九六六年七月發表專文，痛斥當時的現代詩，是「既不明朗，亦不朦朧」，是比「達達派」更徹底的「新虛無主義」，是「僞詩」與「非詩」；而一怒之下，提出了「中國新詩之正名」，「主張把作崇於詩壇，已經成爲邪惡之象徵的『現代詩』三字乾脆取消拉倒。」（註一〇）可惜，木已成舟，「現代詩」一詞，至今仍在流行。

就在這一明朗與晦澀，中國與現代爭論不休的聲浪後，一九六四年六月，由林亨泰、陳千武（桓夫）、趙天儀、白萩等一群台籍詩人發起組織的《笠》詩雙月刊正式創刊。以斗笠的純樸，象徵草根與鄉土性，由「笠下影」和「作品合評」的原始動力，逐漸發展《笠》的本土風格與特性。對「有些詩人脫離現實，游離在技巧至上論的陷阱之中，盲目地迷戀西方詩潮的餘風流派，誤導了現代詩的方向。」（註十一）與《葡萄園》異曲同工，也提出了它們的批評。

之後，笠詩社也提出了另一論點。那就是陳千武，一九七〇年十一月，在日本東京弱樹詩房出版的日文《華麗島詩集》的《後記》中，提出的「兩個根球」的論述：促進台灣現代詩直接開花的根球之一，是紀弦、覃子豪帶來的中國現代詩的種子；另一個是一九三〇年左右，台灣新文學運動之後，由台南《風車》詩刊主張的超現實主義思想的本土根球。台灣的現代詩就是由這「兩個根球」聯合發展出來的。（註十二）從而，爲《笠》的本土性找到了理論基礎。

四、七十年代，衆聲喧嘩與回歸傳統

七十年代，台灣詩壇突出的現象，是新生代詩人紛紛崛起，組詩社，創詩刊，可以衆聲喧嘩一詞來形容。雖然多數詩刊都是忽起忽落，時間不久，不能和維持四、五十年出版而不輟的長壽詩社相比，但一個詩刊能維持兩三年，也非易事，在詩的歷史中，應該給予肯定。這些詩刊可以列出一個長長的名單：

㈠《龍族》詩刊，一九七〇年三月創刊，成員有辛牧、施善繼、蕭蕭、林煥彰、陳芳明、黃榮村、林佛兒、蘇紹連等。以「敲我們自己的鑼，打我們自己的鼓，舞我們自己的龍」爲號召，回歸民族意識爲目標。方向明確，旗幟鮮明，是少數有方向的詩刊之一。可惜只出版了十六期便停刊。

㈡《主流》詩刊，一九七一年七月創刊，成員有黃勁連、羊子喬、李男、林南（黃樹根）、德亮等。共出版十二期。

㈢《山水》詩刊，一九七一年十月創刊，成員有朱沉冬、白浪萍、李春生、李冰等，共出版十六期。

㈣《大地》詩刊，一九七二年九月創刊，成員有童山、王灝、王潤華、古添洪、李弦等學院派人，有理論建樹。共出版十九期。

㈤《秋水》詩刊，一九七四年一月創刊，創辦人古丁，主編涂靜怡，以「歸隱式吟哦」爲辦刊宗旨。因一九八一年一月二十七日，古丁車禍去世，《秋水》一度陷入危機，後由綠蒂（王吉隆）作幕後的支持，使詩社繼續發行。不久，改組爲同仁詩刊，綠蒂任發行人，涂靜怡繼續主編，麥穗、一信、藍云、汪洋萍等加入爲編委。該刊因爲女性主導，逐漸形成唯美抒情的風格，有如女性之溫柔。迄今已出刊一二一期，走過三十而立的歲月。

(六)《草根》詩刊，一九七五年五月創刊，成員有張香華、羅青、李男、詹澈等，共出版四十二期。

(七)《大海洋》詩刊，一九七五年十月創刊，以發展海洋文學爲宗旨。朱學恕爲發行人，成員有沙白、汪啓疆、李春生、藍海萍等。至二〇〇四年四月，出版《中國海洋文學大系：二十世紀海洋詩精品賞析選集》爲高潮，迄今已出版五十三期。

(八)《綠地》詩刊，一九七五年十二月創刊，社長陌上塵，主編傅文正，成員有白樁、艾靈、李昌憲等，共出版十三期。

(九)《詩脈》詩刊，一九七六年七月創刊，岩上主編，成員有向陽、李瑞騰等，共出版九期。

(十)《詩潮》詩刊，一九七七年五月創刊，高準、丁穎主編，因編輯策略上擺出工農兵的架勢，敏感性高，只斷續出了七期。

(十一)《掌門》詩刊，一九七九年一月創刊，社長古能豪，主編陳文鈴。共出版九期。

由於《龍族》、《大地》、《詩潮》等詩刊，對元老詩刊的思考，強調要「把握此時此地的中國」；「和他的時代他的民族攜手並進」；「要寫就寫中國人的詩，要談就談中國人的詩論」；要「把我們的頭顱擲向這新生的大時代巨流，締造這一代中國詩的復興」；要「以我們的詩篇，來鍛接中國的過去，和未來的中國」。（註十三）加以七十年代末期鄉土文學論戰的餘波所及，便充分的顯示出那個時代衆聲喧嘩與回歸傳統的景觀。

五、八十年代，不安海域，暗潮洶湧

在鄉土文學論戰的餘緒中，進入八十年代的台灣詩壇，第一件大事，應是《陽光小集》的閃現。它的迅速崛起又轉眼殞落，正應驗了已故青年詩論家林燿德的觀察。林燿德在一篇題爲《不安海域—台灣地區八十年代前葉現代詩風潮試論》（註十四）中曾說：八十年代前葉詩壇不安並非指向前輩詩人，而是指「詩壇備受各種思想模式和意識形態之交互激蕩，猶似一不安海域，暗潮洶湧，明浪飛騰。」我覺得以「不安海域，暗潮洶湧」拿來形容八十年代台灣詩壇的總體景觀，也未嘗不可。現在就從《陽光小集》說起。

《陽光小集》，是一九七九年十一月由《暴風雨》、《綠地》、《詩脈》、《北極星》等幾個詩刊的人員所組成的一個詩社，十二月出版過一個同仁詩集《陽光小集》，一九八〇年七月改版爲《陽光小集》詩刊，是以把它列爲八十年代的第一個詩刊來討論。

這個詩社的成員有向陽、張雪映、沙穗、苦苓、莊錫釗等。他們曾宣示，「不搞門戶之見，不搞主義派別」，「願爲關心詩的大衆提供一份精神口糧」。一九八四年六月，第13期出版政治詩專號後，因同仁意見分歧而停刊。

八十年代，還有兩份元老詩刊復刊，令人注目。

一是曾經呼風喚雨的《現代詩》詩刊，停刊近二十年後，於一九八二年六月，由紀弦的門生羅行任發行人，老友羊令野任社長，梅新任主編而復刊。至一九九七年十月，因梅新病逝，後繼無人，再次停刊。

另一個是承繼三十年前詩風的《藍星》詩刊，在九歌出版社支持下，由余光中任發行人，羅門爲社長，向明主編，於一九八四年十月重組出版，頗有一番振作。至一九九二年七月出版第三十二期後，因出版社不再支持，而宣布《詩刊暫停，繆斯午睡》。一九九九年三月再度復刊，易名爲《藍星詩學》季刊，由淡江大學中文系主編發行，一變而爲校園刊物了。

標榜本土的《笠》詩刊，從六十年代中期出發，歷經七十年代鄉土文學論爭的洗禮，從中國民族性的擁抱，一變而爲「寧爲台灣草笠，不戴中國皇冠」（註十五），極力凸顯愛台灣的意識形態，隱隱然與從超現實主義逐漸回歸傳統的《創世紀》，一直倡導「健康、明朗、中國」的《葡萄園》，唯美抒情的《秋水》等詩刊，形成暗潮洶湧對峙不安的隱憂。加以新生代極欲世代交替的焦慮不安，和後現代主義的侵襲，拼貼遊戲，電子科幻詩等等，層出不窮的商業競爭，詩人的內心，又怎能安然呢？

六、九十年代，從對峙到交流

談到九十年代的台灣詩壇，便不能不把時間拉回到五十年代。那時被解放軍打敗退守台灣的國民政府，因爲恐共的心理作祟，而實施嚴厲的戒嚴法，不但人民的集會結社受到約束，連三十、四十年代在大陸出版的文學作品也在禁止之列，造成台灣文學與五四傳統的斷層；影響所及，台灣的詩人作家只能接收西洋文學思潮的灌輸。五十年代台灣詩壇，現代詩運動風起雲湧，盲目横的移植，唯西洋文學馬首是瞻的根本原因在此。迨至八十年代，一九八七年七月，因局勢改變，台灣宣布解除戒嚴，同年十一月二日，開放大陸探親，形勢才爲之改變。

開放之初，也只有少數退伍老兵，因思鄉心切，紛紛回大陸探親掃墓，稍解遊子思親之苦。兩岸之間，詩歌文化交流，要到九十年代，才寫出新的章頁。譬如一九九〇年八月，以鍾鼎文先生爲理事長的台灣中華民國新詩學會，赴北京出席「艾青作品國際研討會」，便只能以非正式組團的方式進行。正式組團，還是有些戒愼恐懼。

再以《葡萄園》詩刊爲例，自一九九三年起，便曾多次正式組團，到大陸從事詩歌文化交流，足跡所及，北自哈爾濱、瀋陽、北京、石家莊，西至敦煌、酒泉、蘭州、西安，中原的洛陽、鄭州、開封、武漢，西南的重慶、成都、貴陽，東南的上海、蘇州、杭州、福州、廈門……無不留下江山如畫，詩人熱情，含淚歡笑的詩韻歌聲。

我們也以葡萄園詩刊和台灣中國詩歌藝術學會的名義，邀請大陸詩人學者到台灣，出席兩岸詩刊和女性詩歌學術研討會，會後並赴日月潭、阿里山、澄清湖、西子灣等名勝區觀光旅遊。受邀請以團體或個別方式，赴台與會訪問的大陸詩人作家，有屠岸、呂進、高洪波、朱先樹、楊匡漢、古繼堂、古遠清、曉雪、浪波、雁翼、查干、楊牧、楊光治……，女詩人作家，則有趙遐秋、樊洛平、李琦、傅天琳、李小雨、向前、顧艷、娜夜、薩仁圖婭、巴莫曲不嫫……等，詳細名單還可以開列幾十位，眞的是，有朋自遠方來，不亦樂乎！

我們也曾接受中國作家協會邀請，於二〇〇〇年八月回訪大陸十四天，快樂何如！台灣其它各詩社，如《創世紀》、《秋水》、《大海洋》和九一年復刊的《海鷗》詩刊等，也曾多次到大陸從事詩歌文學交流，所到之處，無不受到熱情的接待歡迎。

正由於台海兩岸的革改開放，台灣的詩人作家，已不再像以往只能接觸西方文學，同時也能從大陸獲得必要的文學信息和熏陶，而獲益良多。

在這一波波的兩岸交流活動中，有一個有趣的現象，值得附筆一書。

各位參與過兩岸交流的朋友，一定會記得，相互贈書的場景，往往是收到的書太多、太重，隨身行李無法負荷，不得不隨地送郵局托運。若是身上有多餘的鈔票，還會請朋友帶路，到書店再搜購平時想讀而又買不到的書。如果來不及親自去郵局交寄，還得請朋友幫忙打包裝箱代寄。代勞的朋友雖然辛苦，也常常視爲友誼的負擔，而不辭勞苦。

當然，九十年代的詩人，也有面臨的痛苦，諸如新科技的來勢洶洶，信息瞬息萬變，商業消費文化的壓迫，年輕人大多沉醉於虛擬的網路娛樂中，閱讀人口愈來愈少，詩集的出版困難重重，以至於憂心的專家學者，公開警告，詩歌已經死亡。縱然如此，有許多詩人還是樂觀派，包括我自己，還是想寫就寫，信心滿滿。

七、五十年來台灣詩風的演變

有人估計，台灣每年發表的新詩至少有四千首，五十年應該有二十萬首之多吧。要想在二十萬首作品中，來討論詩風的演變，有如瀚海淘沙，完全不可能。必須設定範圍，加以約束：

第一、以四十年以上的詩社爲準，每個詩社挑選一、二位最具代表性的詩人爲討論的對象。

第二、各詩社之外，也挑選一位資深而又獨特表現的詩人。

第三、盡可能從五十年代和九十年代的詩選中挑選各自的作品作比較。

第四、以詩社和各人的年齒爲討論的順序。

至於討論方式，則先列舉各人的作品，再就語言風格作簡要的分析。

第一、紀弦（一九一三～）的詩：

存在主義

圖案似的
標本似的
　　　一蜥蜴
夜夜，預約了一般地
出現，預約了一般地
當我為了明天的麵包以及
　　昨日的債務而又在辛勞地
　　　　辛勞地工作著時
平貼在我的窗的毛玻璃的
那邊，用牠的半透明的
胴體，神奇的但醜陋的

尾巴，給人以不快之感的
頭部，和有著幼稚園小朋友的人物畫風格的
四肢平貼著
圖案似的
標本似的
一蜥蜴

這夠我欣賞的了。
在我的燈的優美的
照明之下：這存在
這小小的守宮（上帝造的）
這小小的壁虎（上帝造的）
這遠古大爬蟲的縮影、縮寫和同宗
屏息在我的窗的毛玻璃的
那邊，而時作覓食之拿手的

表演；於是許多的蚊蚋、蛾蝶和小青蟲
在牠的膨脹而呈微綠的肚子裏
消化著
又消化著。

噢，對啦！我是牠的戲的
觀眾，而且是牠的藝術的
喝采者，有詩為證；而牠
也從不假裝不曉得
究竟在這個芸芸眾生的大雜院裏
誰是最後熄燈就寢的一個。

故我存在——等價於上帝
蜥蜴存在——等價於上帝
一切存在——等價於上帝
而這就是我們的存在主義——不！我們的存在主義

——選自《六十年代詩選》（註十六）

這首詩寫於一九五六年，作者在《紀弦回憶錄》（註十七）中，將最末一節，作了如下的修正：

故我存在——我是上帝造的
蜥蜴存在——牠是上帝造的
一切存在——都是上帝造的
而這就是我們的「存在主義」——
不！「我們的」存在主義

所謂「存在主義」要旨是「人的存在先於本質，人有選擇的絕對自由，可以決定自己的本質及生命的意義。」也有學者認爲：「人生是非理性的，是荒謬的，強調人的焦慮感和疏離感。」（註十八）或謂「我思故我在」。

紀弦在其回憶錄中說：這首詩是其「代表作中的代表作」，是蠻有道理的。下面請先看其一九九四年的《動詞的相對論》，再作比較分析。

動詞的相對論

為了取悅於我的女人，
讓我看來性感一點，
我常用手捻捻我的兩撇短髭，
使之向上微翹。

這和一隻愛乾淨的大頭蒼蠅，
停歇在我的書桌上，
不時用腳刷刷牠的一雙翅膀，
究竟有何不同呢？

我捻捻；牠刷刷。
我用手；牠用腳。
我是上帝造的；而牠也是。
多麼的悲哀喲！

——選自《九十年代詩選》（註十九）

這兩首詩都是以小動物爲題材，前者寫蜥蜴（詩中作者所謂蜥蜴，即是守宮，又叫壁虎）爬在玻璃窗上呑食更小的動物——蚊蚋、蛾蝶和小青蟲的動作，詩人視爲藝術家的表演，萬物之靈的人類只是觀衆，造成對比的荒謬性。後者以愛乾淨的大頭蒼蠅大刺刺地坐在詩人的書桌上大刷其翅膀（《紀弦回憶錄》中將「膀」字改爲「翼」，與下句的「呢」諧音），和詩人把弄其胡髭作對比，不同的只是「捻捻」與「刷刷」兩個動詞而已。兩詩的結句，前者運用兩個引號，後者直書「多麼可悲喲！」表達的，都是人生的荒謬性，也就是所謂存在主義的思想。

值得注意的是，作者將〈存在主義〉原詩末節的人和蜥蜴的存在，都是「等價於上帝」，修正爲人和蜥蜴「都是上帝造的」。這種一百八十度的大轉變，是詩人晚年經過反省的結果。紀弦之令人可敬可愛者亦在此。

兩詩都是以清晰明朗的語言，表現深蘊的內涵，而沒有故弄玄虛的晦澀。

至於〈存在主義〉一詩的跨行書寫，造成形式的平列或高低，都可從視覺美學上作觀察，恕不詳述。

第二、鍾鼎文（一九一四～）的詩：

瞭望者

我站在山崗上，
望著遠方——
而在我前面的山崗上，
也正站著一個瞭望者，
也正和我一樣的
望著遠方。
鍍上夕陽，而又染上暮色；
他的姿態是一座古老的銅像，
獨立於宇宙的蒼茫。

——選自《葡萄園》詩刊創刊號，一九六二年七月

秋夜

——懷李白（公元六九九～七六二）

序齒——
　李白老弟小我二十歲
論輩——
　李白老師早我一千二百年

古長安的千古秋月
悄悄地　默默地　夜訪台北
草木不驚　萬户無聲
高　下　遠　近的
亭　台　樓　閣
染上秋色　夜色　月色
一時如我　滿頭銀白
似霜非霜　似雪非雪
百尺高樓　樓頭一角　有孤燈未滅

燈下白頭人猛然驚覺
窗上月影是李白的
千古不滅的魂魄　前來勸說
何必閉門讀史
何不開窗讀月
渺渺乾坤　悠悠古今
成敗　盛衰
聚散　離合
興亡　繼絕　且看作
月明　月暗
月圓　月缺
月出　月落

——選自《中國詩歌選》一九九八年版
原刊一九九七年十一月二十二日《聯合報副刊》

覃子豪、紀弦、鍾鼎文，被視爲台灣新詩的開拓者，有「三老」之稱。紀弦組織現代派時，曾邀覃子豪、鍾鼎文共襄盛舉，被覃、鍾拒絕。覃子豪一九六三年過世後，鍾鼎文也從《藍星》出走，埋首於「世界詩人大會」的工作，造成「三老」分手的遺憾。又由於鍾鼎文在詩觀上偏重於縱的繼承，掌握年代詩選的現代派詩人，從未選用過他的作品，卻絲毫無損於他在創作上的成就，在推動台灣和世界詩運上的卓越貢獻。

《瞭望者》和《秋夜——懷李白》，分別選自《葡萄園》詩刊，和在詩壇走中庸之道的《中國詩歌選》。兩詩寫作的時間，相距三十五年，有趣的是，這兩首詩，既可反映作者的詩觀，又可顯影作者走過的道路。

《瞭望者》，以「夕陽」、「暮色」、「古老的銅像」自喻，「獨立於宇宙的蒼茫」，亦是其走向世界的寫照。《秋夜——懷李白》，詩人竟然看到「千古秋月」，「夜訪台北／草木不驚　萬戶無聲」。窗上的月影猶似李白的魂魄來對話，引發「渺渺乾坤　悠悠古今」的感傷。讀者也不能不回到唐代，重溫「長安一片月，萬戶搗衣聲；秋風吹不盡，總是玉關情」的感嘆、感動，這是心靈的饗宴，也是所謂中國人的中國詩，現代不現代又有何妨！

第三、林亨泰（一九二四～）的詩：

風景 No.1

農作物　的

旁邊　還有
農作物　的
旁邊　還有
農作物　的
旁邊　還有

陽光陽光曬長了耳朵
陽光陽光曬長了脖子

風景 No.2

防風林　的
外邊　還有
防風林　的
外邊　還有
防風林　的
外邊　還有

然而海　以及波的羅列
然而海　以及波的羅列

——選自《六十年代詩選》

西餐

想吃西餐真困難
一剝掉語音的皮
腥味就撲鼻而來
白色血漿流滿器皿

太硬了是個問題
拚命搖動上下顎
即使將牙齒磨成鑽子
怎麼也挑不開語肉與語骨

於是感到餐刀的必要
把肉塊切成能指與所指
於是利用叉子的形式
連忙把語意碎肉塞進口裏

吃西餐真不容易
只吃了一小塊
整天的咀嚼卻不斷

——選自《中華現代文學大系·貳》（註二〇）
原載一九八九年十一月十日《台灣春秋》十四期

林亨泰曾是紀弦「現代派」的大將，但他並不全然同意紀弦「橫的移植」的理論。他在一篇回憶性的文章中說「在接受外來文化的過程中，接受者也應有『主體性』的立場，因爲，如果不能將外來的影響力轉變成爲內在力量的話，是無法成爲文學創造上的眞正動力的。」針對於此，他又提出：「現代主義即中國主義。」就本質與文字而言，「在本質上，即象徵主義，在文字上，即立體主義。」（註二一）這段話，正是他的作品的批注。

《風景》二詩，不論形式和內涵，均能給人強烈的立體感。運用跨行表意，和中文承上啓下的省略法，用最少的文字，表現極深的涵義。二詩的前段，文字排列完全一樣。它的原意和省略方法，以第一首爲例，試可排列如下：

農作物　的
旁邊　還有（農作物）
農作物　的
旁邊　還有（農作物）
農作物　的
旁邊　還有（農作物）

看起來只是一句話的重疊，也像是文字遊戲，而作者想要呈現的，則是農村的一片風景而已。第二首的手法亦復如此。不同的是，二詩的後段，形式上都是兩行，意涵卻完全不同。第一首「陽光陽光曬長了耳朶／陽光陽光曬長了脖子」，暗喻農作物的成長。第二首「然而海　以及波的羅列／然而海　以及波的羅列」，是以一波波的海浪，比喻一波波的防風林，十分有趣。這是五十、六十年代，現代詩運動中比較成功的圖案詩。

《西餐》一詩的眞正涵義，應該是借吃西餐的困難，喻示接受西洋文化的不易，表現的正是中國思想，民族觀念。弄懂了這一點，文字便不覺艱深了。

林亨泰後來轉到笠詩社，主編開創期的《笠》詩刊，從這兩首詩內涵來看應是極其自然的發展。

第四、余光中（一九二八～）的詩：

西螺大橋

矗然，鋼的靈魂醒著。
嚴肅的靜鏗鏘著。

西螺平原的海風猛撼著這座
力的圖案，美的網，猛憾著這座
意志之塔的每一根神經，
猛憾著，而且絕望地嘯著。
而鐵釘的齒緊緊咬著，鐵臂的手緊緊握著
嚴肅的靜。

於是，我的靈魂也醒了，我知道
既渡的我將異於
未渡的我，我知道
彼岸的我不能復原為
此岸的我。
但命運自神秘的一點伸過來
一千條歡迎的臂，我必須渡河。

面臨通向另一個世界的
走廊，我微微地顫抖。
但西螺平原的壯闊的風
迎面撲來，告我以海在彼端，
我微微地顫抖，但是我
必須渡河！

矗立著，龐大的沉默。
醒著，鋼的靈魂。

——選自《六十年代詩選》，寫於一九五八年三月十三日

七十自喻

再長的江河終必要入海
河口那片三角洲
還要奔波多久才抵達？
只知道早就出了峽
回望一道道橫斷山脈
關之不斷，阻之不絕
到此平緩已經是下游
多少支流一路來投奔
沙泥與歲月都已沉澱
寧靜的深夜，你聽
河口隱隱傳來海嘯

而河原雪水初融
正滴成清細的涓涓
再長的江河終必入海
河水不回頭，而河長在

——選自《九十年代詩選》，寫於一九九八年二月四日

余光中是《藍星》的發起人之一，覃子豪逝世後，成爲《藍星》的掌門；一九九八年十月二十三日，其門生友儕於中山大學校園舉辦「重九的午後」活動，爲他七十歲生日慶生；十月二十八日生日（農歷重九）當天，在台灣十大報刊上發表不同的詩作，白髮飛頂，老而彌堅。

西螺大橋，位於雲林縣西螺鎮之南濁水溪上，鋼鐵立體結構，儼若巨人雄立，甚是壯觀。《西螺大橋》，寫於一九五八年三月，與其寫於一九九八年二月的《七十自喻》，相距四十年，將二詩加以比較，亦可略窺余氏詩風演變之一斑。

《西螺大橋》，開端兩句：「矗然，鋼的靈魂醒著。／嚴肅的靜鏗鏘著。」喻大橋爲一鋼的巨人，靈魂雖醒而靜，儼若無人。中間三節，以大橋「嚴肅的靜」，喚醒詩人，迎面對岸，雖大風撲來，仍信心堅定，「必須渡河」，喻人生道路雖艱險，不能不努力克服。結尾

兩句：「矗立著，龐大的沉默。／醒著，鋼的靈魂。」首尾呼應，結構圓融。

《七十自喻》，是以長江大河自況，比喻非凡，以余氏一生的成就，當之無愧。明乎此，奪關出峽，已到即將入海的河口，便都曉然可解。最後兩行：「再長的江河終必入海／河水不回頭，而河長在」，喻示生命雖將結束，詩人的名聲，必可恒久長在。

從兩詩用標點符號用或不用，分段或一氣呵成，可見其風格的演變。至於語言表達，前後一貫，從不用險詞唬人。用韻之自在，不著痕跡，只看「海」「在」二字，便見手法之不凡。其它就留給讀者自己去發掘吧。

第五、洛夫（一九二八～）的詩：

石室之死亡

一

偶然的昂首向鄰居的甬道，我便怔住
在早晨的虹裏，走著巨蛇的身子
　黑色的髮並不在血液中糾結
宛如以你的不完整，你久久的慍怒

支撐著一條黑色支流

我的面容展開如雲，苦梨也這樣
而雙瞳在眼瞼後面移動
移向許多人都怕談及的方向
我是一株被鋸斷的苦梨
在年輪上，你仍可聽清楚風聲，蟬聲

二

凡是敲門的銅環都應以昔日的炫耀
一切的弟兄俱將來到，俱將共飲我滿額的急躁
你們的飢渴猶如我室內的一盆素花
只要我微微啓開雙眼，便有聲音
叮噹自壁間，墜落在客人們的餐盤上
其後就是一個下午的激辯，諸般不潔的顯示

你們的言語是一堆未洗滌的衣裳
常被傷害，如一些尋不到恒久居處的人
當樹的側影被石縫裏的光所劈開
其高度便予我以建築般的穩定

——節錄自《六十年代詩選》

蟑螂

他們曾説過愛我
最好的方式是：用火

作為一種存在
我從垃圾堆裏覓食
和摟著一隻殘蜕做愛
乃是源自同一的衝動
億萬年以前我就已知道
無論在他們抽屜或歷史裏產卵

都是一種必要之惡
作為一種存在
我從不諱言好色
死亡是第一次也是最後一次高潮
常常被逐出這個家
逐出這個世界
當然最好能逐出自己的醜
我那身陰郁的軀殼
在腳掌下嘎嘎作響
真沒有想到我挽歌的節奏
竟然如此輕快

作為一種存在
從黑匣子裏我找到了沉默的理由
——無言正是對語言最大的敬意
我以觸鬚感受悲哀

我把自己定位為一隻帶翅的
卻又鄙視飛行的東西
其實不幸之事早已發生
當年在一次驚險的輪回中
差那麼一步竟未能變成恐龍

作為一種存在
我不斷學習如何逃避他們的追捕
學習如何在這嚴酷的世界中
把自己變得弱小而畏葸
如何把所有的房間挪空
以便容納
我一窩卵的
虛無

——選自《九十年代詩選》

洛夫是《創世紀》三巨頭之一。瘂弦是我的河南同鄉，溫文儒雅，風度翩翩，一本詩集《深淵》，享譽四十年，但因其放下詩筆，也已超過三十年，本文恕不討論他的作品。張默的最大功勞，是編輯詩刊詩選，其創作亦有特色，因下一位要探討詩風轉變最大的碧果，加以本文限定每個詩社只能有二人出場，所以張默也只能割愛。現在，言歸正傳，先談洛夫的《石室之死亡》。

這一擁有五十六個章節的長詩，四十年前，寫於金門太武山花崗石的坑道之中。從上列第一、二章中，不知讀者能讀懂多少？如果那「久久的慍怒支撐」的「一條黑色支流」，可以解作黑暗的地下坑道；「苦梨」的「梨」，因與離別「離」字諧音，那「被鋸斷的苦梨」，便可解作離鄉背井的痛苦；那「風聲，蟬聲」似乎也可解作故鄉的呼喚之聲了。如果這種解釋可以成立，那許多意象或許亦能找到其象徵的涵義。如果那石室是墳墓的象徵，則死亡的便不只是石室了。

我這個醉心於詩的人，也只能這樣瞎猜，一般的讀者恐怕就更不知其然了。洛夫的老友瘂弦在某年詩人節的聚會中，公開說《石室之死亡》，負面影響大於正面影響，應非過責之詞。

〈蟑螂〉，是一首自喻詩，也是詠頌存在主義者種種荒謬心態的代表作。最後，以「如何把所有的房間挪空／以便容納／我一窩卵的／虛無」，虛無主義暴露無已。語言信筆自如，若入無人之境，是其優點。惟在詩中常以「好色」、「做愛」、「高潮」等暗示性慾，總非高格。名人之作，人必效焉，看台灣，甚至大陸，有些極欲成名的年輕人，大膽地連生殖器都放在嘴巴裏吞吐，不能不加思考反省。

第六、文曉村（一九二八～）的詩：

想起北方

在島上，想起北方
就想起楊柳樹下的倩影
伊水河畔的蘆笛
以及母親的紡紗車
譜出的那些搖籃曲

以時間的長影，丈量北方
時間與空間的長度
已經是長長的馬拉松的距離了
但從我的脈管中
仍能聽及黃河奔騰的呼聲

所以在島上，想起北方
我的懷戀的歌聲
還是帶著蘆笛的氣息
如同母親的紡紗車
唱出熟稔的韻律

——選自《中國新文學大系》（註二二）
原刊一九六二年七月《葡萄園》詩刊創刊號

三代

爺爺說：
　太陽是太陽
　星星是星星
不能混淆視聽

兒子說：

　白天出現的　是太陽

　夜間出現的　是星星

　關鍵　在於時間

孫子說：

　把太陽畫得小一點

　就是星星

　把星星畫得大一點

　就是太陽

　化繁　就要簡單

——選自《九十年代詩選》，原刊一九九九年二月二十五日《聯合報》副刊

文曉村是《葡萄園》詩刊的創刊人之一，人事變化，滄海桑田，今天，忽焉而成唯一尚

在詩社活動的「元老」，不知是喜是悲？

《想起北方》，是四十二年前，文曉村在《葡萄園》詩刊創刊號發表的第一首詩，拿這一首詩來討論，並非它是什麼了不起的佳作，相反地，它是文曉村走入詩壇的初作，也是之後一連串懷鄉思親之作的源頭。此詩發表之後，不到半年，文曉村便因參加詩社活動，而遭受撤職查辦的命運，他立刻寫了一首《木訥的靈魂》，以「皚皚的白雪　冷冷地／禁錮著荒漠的原野」，表達對於白色恐怖的抗議。並從此，便以明朗的語言，象徵的手法，中國的內涵，爲詩歌創作的自律。這和《葡萄園》詩刊四十多年來，一直堅持走「健康、明朗、中國」的路線是完全一致的。由此，再讀《三代》，便可找出文曉村與現代派完全不同的詩風演變的軌跡。

出乎意外的是，在八十年代，兩岸革改開放後，《想起北方》受到多位詩評家的青睞，先後被鄒荻帆、謝冕選入《中國新文學大系》，姜耕玉選入《二十世紀漢語詩選》（註二三），詩評家周瑟瑟還有專文評論。（註二四）此詩文字淺顯，含意如何？方家讀者，自能了然於心，毋需再嘵嘵蛇足。

倒是《三代》發表之後，立刻就有人爲文批評，可惜誤把「太陽」「星星」當作星球實體，以致風馬牛不相及，曲解了詩意。

其實，讀者只要能意會到「太陽」和「星星」，都是兩岸政治圖騰的象徵，詩中那爺爺、兒子、孫子的指涉，以及詩中的意涵，便不難了然於心了。至於文字的精緻，節奏的優美自然，就不必說了。作者曾於二〇〇〇年五月，以此詩在鄭州大學做專題報告。（註二五）

第七、碧果（一九三二～）的詩：

水

孵育著
擊鳴了。　孵育著
一九六〇年。乃　孵育著
牧羊人的　眼　孵育著
孵育著

髮灰。母性的
脈絡　擊鳴了。
那　銀亮的門環　孵育著
孵育著

黑旗。　　　　　　　　孵育著
妻。　構成　我們的第六日　孵育著
　　　　　　　　　孵育著
擊鳴了。
一九六〇年。乃
我們的　根鬚
　　　　　　　　孵育著
鏡。　　　　　　　孵育著
一株香料植物的　　　　孵育著
　　　　　　孵育著

——選自《六十年代詩選》

水聲

玫瑰已燃成愛的季節

孤坐在燈暈下的挹翠橋畔
追夢摘星的我啊
原本想以水聲雕出蜜糖的你
把夜空剪裁為你那襲淡灰的衫裙
繫我魂魄的是你星綴的衣
奈何，飢饉的我已與夜色溶合為一
追夢摘星的我啊
隨著水聲淙淙早就消失而去
餘下的僅是一隻帶淚的殼
啊
生死又若何
何須吩咐，噓
怎堪
張目

一勺
膽汁
自斟。自酌。

——選自《九十年代詩選》
原刊一九九三年十二月《創世紀》詩雜誌一〇一期

碧果是《創世紀》同仁，曾任社長。是早年詩壇最具爭議的詩人之一。他的詩晦澀怪異。令人費解。就如本文所列這首《水》，如果「擊鳴」可解作「敲響」，那敲響的一九六〇年，牧羊人的眼睛和「髮灰」、「黑旗」、「根髮」、「鏡」等意象又有什麼關聯呢？那詩文下面高低起伏，十四個之多的「孵育著」，「孵育」的是什麼呢？是在水下孵蛋嗎？當然不是。或是暗喻詩人創作的艱難？實在費解。詩評家能給我們答案嗎？也不見得。西安的沈奇，台北的孟樊均有長篇專文，試圖爲碧果的作品下腳注。沈奇說：「逃避是詩人碧果永遠的命題。」孟樊卻說：「恰恰是逃的相反——囚。」（註二六）原因是碧果曾寫過一首〈被囚之礦的死群的齡之囚〉。孟樊在爲碧果抱不平之餘，也說：「碧果早期的許多詩其實是無解的，而不只是晦澀而已，則何能予以譯碼？他根本就不設密碼。」

又說：「晚期的碧果詩風一變爲溫雅、感性……可愛。少去了難以下咽的苦澀，多了令人可口的甜美。」「既然能放下超現實主義的身段，詩風轉趨明朗，是碧果後期能讓人親切的主因所在。」（註二七）

上列的《水聲》，便是轉趨明朗的作品，恕不再細述。下面請再看一段情詩，讀者必能了解九十年代的碧果是如何拋棄了他以之爲圭臬的「超現實主義」。

跪月的人

潛回心靈深處
那日，我獨坐在咖啡的香醇裏等你
想，你那花蕾般的薄唇
如何燃點我藍焰的春燈
在花香的方向
燈柔柔的是有些消瘦了
啊，我就是那位跪月的人

——選自碧果詩集《一個心跳的午後》，〈跪月的人〉第一節。九十年代作品

第八、白萩（一九三七～）的詩：

流浪者

望著遠方的雲的一株絲杉
望著雲的一株絲杉
一株絲杉
絲杉

在
地
平
線
上
一株絲杉
在
地

平
線
上
他的影子，細小。他的影子，細小，
他已忘卻了他的名字。忘卻了他的名字。
站著。　　　　站著。孤獨
地站著。站著。站著
站著
向東方。
孤單的一株絲衫。

——選自《六十年代詩選》

廣場

所有的群眾一哄而散了

回到床上
去擁護有體香的女人
而銅像猶在堅持他的主義
對著無人的廣場
振臂高呼

只有風
頑皮地踢著葉子嘻嘻哈哈
在擦拭那些足跡

——選自白萩詩集《詩廣場》，一九八四年三月熱點文化出版

白萩在台灣詩壇，出道甚早，一九五五年十八歲時，便以〈羅盤〉一詩，榮獲中國文藝協會第一屆新詩創作獎。在《現代詩》、《藍星》、《創世紀》三個詩社都留有他的身影。一九六四年六月，回到《笠》詩社的懷抱，曾任主編多年。

在六十年代現代派運動中，白萩曾一度熱衷於圖案詩的創作，《流浪者》便是這樣一首

實驗性，並相當受人激賞的作品。本文以《流浪者》一詩爲白萩六十年代作品的抽樣，並非完全著眼於它是白萩的最佳作品，更重要的，它是那個時代現代詩的一個顯影。

《流浪者》，以一株絲杉，擬人化地站在地平線上，象徵流浪者在大地上的孤獨。以「絲」字形容「杉」，更見其「細小」。末了，以「孤獨的一株絲杉」，自成一節，更能給人一種孤獨冷然之感。也許，這正是詩人的意圖。

在台灣，幾十年來，校園、軍營、大街、廣場，到處都有蔣某的銅像。《廣場》一詩，以所有群衆都離他而去了，而銅像仍在空無一人的廣場，振臂高呼，堅持他的主義。結果，只有頑皮的風，踢著葉子，擦拭他走過的足跡，完成極盡諷刺的能事。而今，那些被諷刺的銅像，不是被拉倒，就是悄悄地藏在軍營或校園的地下室，日夕，只有灰塵相伴，與往日在廣場的威嚴相比，眞是何勝乎欷歔！

就諷刺而言，《廣場》堪稱佳作中的佳作。

第九、王祿松（一九三二～二〇〇四）的詩：

嚮往

雖不能至，然心嚮往之

我嚮往以地球的經緯線織一個大網
向碧茫茫的歲月的海流
捕捉千年的歷史陳跡

我嚮往拔地軸為長針
　　搓赤道為紅線
縫補起許多的國家民族的碎片

我嚮往以大流星為火種
點亮在地下長眠無語的
蓋世英雄霸業的灰燼

我嚮往權將萬里河嶽
打成小小的包袱，欹著去旅行
在銀河兩岸，遺留我累累的腳印

我嚮往揮足登「天壇」星座
撥響「天琴」弦音，而舉「火星」為炬
召回迷途而摸索著前進的星群

最後，我嚮往，灑掃心靈的庭户
用詩築成精致的路
柬請太陽月亮，一同到心上來住

——選自《葡萄園詩選》

原刊一九七〇年一月十五日《葡萄園》詩刊三十一期

削梨

削梨一樣，我用年齡
削掉了半個世紀
把風雨送入口中
為愛情止渴
起勁地咬著

吞著
多果汁的人生，夾雜風霜
還沾一點鹽梅
一些畫趣，一些詩情

削梨一樣，世境風雲
削掉我半個人生
剩一截老年，和一些白日夢
讓我為詩神止渴

——選自王祿松詩集《情人的花語》
二〇〇二年二月禹臨圖書出版

王祿松，在台灣詩壇，是一個獨行俠，不參加任何詩派。他不喜歡的刊物，絕不投稿。對《葡萄園》，則是另眼看待，也給《葡萄園》設計過封面。

王祿松的重要作品，都是長詩。一九六〇年，便以一部九二〇行的長詩《偉大的母親》，獲「全國徵詩比賽」唯一得獎作品而嶄露頭角。之後，《海的吟草》、《歸意集》、《萬言詩》、《狂飆的年代》，陸續出版。（註二八）有很長一段時間，每年一度的各大專院校新詩朗誦比賽，半數以上學校，均以王祿松的作品爲最愛。

《嚮往》一詩雖屬小品，仍能代表王祿松早年的詩風。「嚮往」什麼呢？作爲一個詩人，王祿松因不屑於爲將軍擦皮鞋、提皮包，在軍中幹了九年上尉而退伍。原來他滿腦袋所想的，是如何「縫補起許多的國家民族的碎片」，是如何「灑掃心靈的庭戶」，以詩鋪路、迎日月，「一同到心上來住」。讀者只要展讀第一節：「我嚮往以地球的經緯線織一個大網／向碧茫茫的歲月的海流／捕捉千年的歷史陳跡」。便不能不被他那萬鈞之力浩然之氣所感染。這種崇高遠大的「嚮往」，正是王祿松一切熱愛國家民族的詩歌淵源。

晚近二十年來，王祿松重拾少年時代的畫筆，醉心繪畫，長詩巨製，已經少見。近年接連出版的《讀海》、《讀星》，全是詩畫合集，詩則多屬愛情篇章，或微型小詩，與其早年浩氣干雲之詩風，有天壤之別。

正如這首《削梨》，可謂其晚期作品的代表。雖自喻自勉，願晚年餘生，「爲詩神止渴」繼續努力，仍不免給人低調傷懷之感。這也是其人生歷程寫照，莫可奈何。

（本文完稿後的第三日，即六月二十三日深夜，王祿松與其老友雕塑家吳二曲，外出至景美溪河堤散步歸來，忽然心臟病發，坐地不起，於二十四日清晨一時大去。享壽七十有三。消息傳來，令人震驚、嘆息。台北詩友，擬於近期，爲一代詩星殞落，舉行一場追思大會，爲詩人遠去送行。人生遽變如此，奈何！）

結　語

台灣現代詩運動五十年，歷史評價如何？那是詩史家的責任。本文所要討論的，只是詩風的演變，從「橫的移植」、「現代化」、「再革命」，轟轟烈烈五十年，非一篇論文所能盡。簡言之，有些人，頭腦清醒，看到紅燈，立即煞車，避免受傷；有些人，不顧紅燈警告，橫衝直撞，搞得灰頭土臉，滿頭是包；有些人，因受到挫折，便拋棄詩筆，從此與繆斯絕緣；有些人，知道反省檢討，修正行進路線，收穫也豐；也有不受「橫的移植」影響者，逆流行舟，走自己的路，終能順利達到自己的目的。

總之，從台灣詩風的演變，可以看出，他們走過的，是一條曲折不平的彎路，也可以說是一條冤枉路，有收穫，也有浪費。所謂前事不忘，後事之師；前車之鑑，不可輕忽。願兩岸在詩路上極欲狂飆的朋友，三思而行。

二〇〇四年六月二十日完稿

二〇〇四年六月二十九日校正　台灣・台北縣中和市文廬

注釋：

註　一：見文曉村《從河洛到台灣》（二〇〇二年一月，河南文藝出版社）二六八頁。

註 二：見《紀弦回憶錄》（二〇〇一年十二月，台北聯合文學出版社）第二部第三章。

註 三：見余光中評論集《焚鶴人》（一九八一年，純文學出版社）內〈第十七個誕辰〉。

註 四：林亨泰〈台灣詩史上的一次大融合（前期）——一九五〇年代後半期的台灣詩壇〉，見《台灣現代詩史論》，一九九六年三月，文訊雜誌社。

註 五：見《覃子豪全集Ⅱ・論現代詩》，一九六八年詩人節，覃子豪全集出版委員會。

註 六：《葡萄園》詩刊〈創刊詞〉，一九九七年收錄《葡萄園詩論》。

註 七：〈談現代詩的一個觀念問題〉，一九九七年收錄《葡萄園詩論》。

註 八：見《葡萄園詩論》。

註 九：紀弦〈回到自由詩的安全地帶來吧〉，見《葡萄園》創刊號。

註一〇：紀弦〈「現代詩」是邪惡之象徵〉，刊《葡萄園》詩刊第十七期。

註一一：見莫渝《笠下的一群》，一九九九年六月，台北河童出版社。

註一二：這一段話，是作者二〇〇四年六月十八日與陳千武通話的記錄。

註一三：以上均引自向陽論文《微弱但是有力的堅持——七〇年代台灣現代詩壇本土論述初探》，轉引陳芳明一九七四年《龍族詩選》序文。

註一四：見《台灣現代詩史論》，一九九六年三月，文訊雜誌社。

註一五：見莫渝《笠下的一群——笠詩人作品選讀》序文結語原注一一，引申《笠》詩刊一三三期，李敏勇執筆《當代詩人的責任》所說：「笠各個世代的詩人們，不戴皇冠戴斗笠。」

註一六：《六十年代詩選》，瘂弦、張默主編，一九六一年一月，高雄大業書店。

註一七：《紀弦回憶錄》共三部，二〇〇一年十二月，台北聯合文學出版社。

註一八：參看台北三民書局《新辭典》，一九八九年版。

註一九：《九十年代詩選》，辛鬱、白靈、焦桐合編，二〇〇一年，創世紀詩雜誌社。

註二〇：《中華現代文學大系Ⅱ・詩卷》，總編輯余光中，詩卷主編白靈。

註二一：同注四。

註二二：見鄒荻帆、謝冕主編《中國新文學大系》，一九九七年十一月，上海文藝出版社。

註二三：姜耕玉選編《二十世紀漢語詩選》，一九九九年十二月，上海教育出版社。

註二四：周瑟瑟〈指向精致與清明、靈情與智能的詩人——重讀文曉村詩選《水碧山青》之隨論〉，一九九三年二月，《葡萄園》詩刊一一七期。

註二五：見文曉村《文廬詩房菜》內〈鄭州大學說三代〉，二〇〇四年五月，台北詩藝文出版社。

註二六：孟樊〈還碧果以眞實〉，附錄碧果詩集《一隻變與不變的金絲雀》，二〇〇三年七月，台北文史哲出版社。

註二七：同注二六。

註二八：見王祿松詩選《唯愛》，一九九三年六月，台北文史哲出版社。

二〇〇四年九月重慶西南師大中國新詩研究所主辦首屆「華文詩學名家國際論壇」發表。收入《華文詩學名家國際論壇論文匯萃(一)》

2004年9月，西南師大中國新詩研究所，首屆華文詩學各家論壇留影。左起：秦嶽、非馬、作者、金筑。（邱淑嫦／攝）

讀屠岸《詩論》散記

六月初，接到你從北京寄來的大著《詩論·文論·劇論》時，非常驚喜！回憶一九九九年七月，你率領中國作家協會代表團，來台北出席「兩岸女性詩歌學術研討會」時，曾送我你的詩集《屠岸十四行詩》、《啞歌人的自白》、《愛詩者的自白》，和你翻譯的《濟慈詩選》；之後，「屠岸，一位著名的詩人、翻譯家」的形象，便已深深地刻入我的心版。去歲（二〇〇三）六月，接讀你的第四本詩集《深秋有如初春》時，我還寫過一篇〈讀《深秋有如初春》的聯想〉（刊於南京《開卷》二〇〇三年十一月）。而今，又接到你的《詩論·文論·劇論》皇皇巨著，又怎能不感到意外的驚喜呢？現在，我心版上的屠岸，應該修正爲：「屠岸，一位著名的詩人、評論家和翻譯家」。

但因當時，正在爲應邀，將於九月份，出席重慶西南師大中國新詩研究所所主辦的一項詩學論壇會議，約定要發表一篇主題性論文；而我所訂的題目，涉及面較廣，必須閱讀較多的資料，才能下筆；以致未能立即展讀你的大著。迨至論文完稿時，又突然傳來詩人畫家王祿松遽逝的惡耗！爲協助其家人處理後事，並和賴益成詩弟策劃出版王祿松追思錄，一則追懷一代傑出的詩人和畫家，同時，也可在八月十四日的追思會中，贈送與會的朋友。

王祿松是我數十年的好友。他的遽逝，使我爲之震驚、痛惜！在邀請朋友們撰寫追思詩文時，我也寫了一首短詩〈送王祿松〉，和一篇〈老友，慢慢地走——記詩人王祿松少爲人知的幾件小事〉（已分別在七月十三日的《聯合報副刊》，和《文訊》月刊八月號刊出）。這兩篇拙作，也會收進《詩豪畫傑人中龍——王祿松追思錄》。書名是台灣詩壇大老鍾鼎文所題。不久，將會到達你的手中。

你在大著的〈後記〉中說，你之所以從事文學評論的寫作，是因爲先後擔任過上海《戲劇報》和北京人民文學出版社的編務，是出自工作的需要，也傾注了心血和感情，我也有和你一樣的同感。如果我不曾主持《葡萄園》詩刊的編務，絕對不會在詩歌創作之外，去寫詩論和詩評。我們之間，不同的是，我只是單純地寫過一點詩論評；你卻是詩論、文論、劇論，三面開弓，收穫豐碩。但我也發現，你眞正關注的重點，還是詩歌。這從全書一百一十一篇的論文中，詩論評即有七十篇之多，占全書百分之六十三強。可以證明。是故，我在這篇書信中，著重想談的，也是拜讀你的詩論部份的感想和受益。

因爲你的每篇作品之後，都有寫作的紀年，這對讀者的理解很有幫助。我從你這些紀年中，做了一個小小的統計，在全書一一一篇中，一九五一至一九六四年的作品有二十五篇，其中劇論二十三篇，那正是你在上海主持《戲劇報》期間的成果。其他八十六篇，全是一九八〇年之後的作品。其間，有十五、六年爲空白，想必那段時間與「十年浩劫」有關。

（爲了驗證這段空白，我拿出了你的四本著作，發現《詩愛者的自白》中，有一篇〈從碧雞山到英雄山〉，一萬多字的長文，我放下筆，仔細讀了這篇表面寫景故事，實質想要表現的，則是對於周恩來總理逝世的痛悼之情。其時，江青等「四人幫」尚未垮台，我懷疑該文是否發表過？立即撥電話向你求證，當你告知，該文雖然是一九七六年秋季的作品，但發表的時間，則是一九七九年時，證明我的判斷不錯。）

「塞翁失馬，焉知非福？」這一段的空白期，雖然是無奈，但對你，並非完全的浪費，反而是思想的沉澱，學問的厚積，這從七十年代末，改革開放後，你重新執筆，爲詩爲文爲評爲翻譯，二十年之內，詩集文集，評論翻譯，接連出版，可見一斑。

看過〈目錄〉、〈後記〉後，我閱讀的第一篇詩論是，〈九十高齡人的一首小詩——致臧克家〉。這首小詩：

我，
一團火。
灼人，
也將自焚。

這首只有十個字的小詩，經你生花妙美的分析，讀者不但可以看見，九十高齡的臧克家，熱誠奉獻的偉大形象，也可領悟到詩歌藝術中，形式參差的「建築美」，和音韻和諧的「音樂美」，令人折服。

本（二〇〇四）年二月五日，臧克家以百歲遐齡辭世後，你在《葡萄園》詩刊一六二期，發表的〈臧克家的精神遺產〉追思文中，論及臧老的七言絕句〈老黃牛〉：「塊塊荒田水和泥，深耕細作走東西。老牛亦解韶光貴，不待揚鞭自奮蹄。」這和魯迅的「俯首甘爲孺子牛」，謙卑而偉大，同一脈絡，令人起敬。

回頭再讀你爲卞之琳詩集《雕蟲紀歷》所下的題目，〈精微與冷雋的閃光〉，正是鞭辟入裡的評語。你以「火的錘鍊，水的洗禮」，讓我重溫其名篇〈苦雨〉和〈斷章〉，還聯想卞之琳屬於東方的十四行，眞是一種過癮，一種美的餐宴。

你在〈時代激情的沖擊波〉中，綜論《白色花》詩選中，阿壠、魯藜、彭燕郊、曾卓、綠原、牛漢等二十位詩人的作品是：「寓深沉的思索於強烈的感情之中」，可謂的論。且讓我這個只能〈抓住抗戰的尾巴〉的後輩，回到抗戰的時代，再一次感受與艾青的〈向太陽〉、〈火把〉，同樣發熱發光的深情。

如果說《白色花》中的歌聲，因時代的遞遭，難免遙遠而微弱，那麼，你寫於一九八六年的那篇〈詩歌向藝術縱深發展〉，評論艾青的《雪蓮》、楊牧的《復活的海》、曉雪的《曉雪詩選》、牛漢的《溫泉》、邵燕祥的《遲開的花》、周濤的《神山》、林希的《無名河》，鄒荻帆的《鄒荻帆抒情詩》、張學夢的《現代化和我們自己》、李剛的《白玫瑰》、曾卓的《老水牛的歌》、李瑛的《春的笑容》、雷抒雁的《父母之河》、張志民的《今情，往情》、陳敬容的《老去的是時間》、劉征的《春風燕語》等十六本榮獲第二屆優秀新詩獎的得獎詩集，因爲書中所寫的都是近幾十年詩人所思所感的事物，尤其其中半數以上的作者，在兩岸詩歌交流中，都有所接觸，也讀過他們若干的作品，對照再讀你的評論，如說曾卓是「歷經風霜的水手」，他的詩歌是，「歌唱那經歷狂暴海浪的沖擊而依然永不磨滅地保持心靈深處的純眞的信仰」，林希的《無名河》，是反映五十年代的悲慘與赤子之心的揉合，「詩中迸發出的是正直靈魂的吶魂」；鄒荻帆寫大海的「憤怒」，是「捧著通紅的赤心」，陳敬容喻大海「是日月的浴場，前者「熱烈」，後者「肅穆」，「都是大自然在詩人頭腦中的美學反映和折射」；邵燕祥的「瀟灑自如，舒徐得宜的韻致」；李鋼《山與江河》中的神話色彩象徵的深意，都是詩美的盛宴。

〈詩人杜運燮的追思〉，和〈像樹葉生長那樣自然——序成幼殊詩集《幸存的一粟》〉，這兩篇，我都已讀過，對成幼殊的《幸存的一粟》，我還在《葡萄園》詩刊一六二期中，以〈金沙，燦爛的陽光〉爲題，發表過一篇評介，這裡就從略。

你在〈聲色交輝，筆下流情——致林莽〉文中，我不但讀到了你的誠懇態度，虛心爲懷，這從你讀過《耿林莽散文詩選》後，〈致林莽〉中所說：「從您的這部著作中，我得到了不少人生哲理的啓示，也得到了卓越藝術的欣賞。」可資說明。更從你對書中十六篇作品的分析中，分享到詩歌藝術的大餐。例如你分析林莽的〈早醒〉一詩中，說那早醒的河，「天地如一隻蚌殼打開，少女是藏在那裡的一粒明珠，是「異想天開」，是美的極致，眞是好極了！

你在〈跳出窠臼的山水詩——致晏明〉文中，對晏明一九八七年，以六十七歲高齡，攀登五千多米的巴顏喀拉山，和六千多米的長江源頭，所寫的《東娥錯那夢幻》詩集的評論，好像已經到達與作者一同呼吸同甘共苦的境界，使我同受其益，卻不免汗顏。因爲我也讀過這本書，卻沒有你的感情深。

你不但爲同輩詩人寫序寫評，對後輩年輕詩人的關懷提攜，也不遺餘力。例如你爲山東青年詩人孫瑞，數年之內，接連寫了三篇評論，第一篇〈注意比喻引起的聯想〉文中，對其〈剪枝刀〉一詩，既指出其優點，也提醒其以「把一個姑娘的心兒剪去」比喻愛情的不當。我想，這位青年詩人一定是心悅誠服，深爲感激的，因而，其第二、三本詩集《愛之河》、《孫瑞抒情詩百首》，都請你爲他寫序。從其抒情詩百首中，已能讀到，以〈一本厚厚的書〉比喻妻子的愛情，可見其詩藝進步的軌跡。我想，你一定也會深感快慰吧。

我的感想心得，還有一大堆，例如你說唐湜是，「讓古典和現代相媒接，調和鼎鼐，熔鑄一爐，形成精神上的承續和發展。」論點之精；李青松的〈我之歌〉與惠特曼的〈我自己的歌〉的比較與頡頏；爲「金波發現了十四行詩」，〈十四行體找到了兒童詩詩人金波〉，爲其《我們去看海》題序，流露出的喜悅之情；以〈第二人稱的魂牽夢縈〉，梳理涂靜怡詩歌的脈絡等等，都使我獲得啓示，受益良深。但此刻不能不做儘快的了結。

最後，我想略述你的書信體論文給我的啓示。從你在七十篇的《詩論》中，書信體的評論即有十八篇之多，可以看出你對書信體論評的鍾情。回憶四年前，你以書信方式評論拙傳《從河洛到台灣》，當時，我是以〈致文曉村的一封信〉，先在《葡萄園》詩刊一四八期發表，稍後，二〇〇一年，又收入河南文藝版的拙傳（《從河洛到台灣》）中，藉表由衷的感謝之情。你在大著中，以〈愛國者與詩人的形象──致文曉村〉爲題，重現前文，於此，不能不再說一聲：「謝謝！」

以前，我也讀過一些書信體的論文，卻從未想過如何借鑑運用，但自從四年前拜讀你的大文後，對這種既能達成書寫的使命，又能揮灑自如的手法，便產生「後知後覺」的效法之心。這兩年，我已用書信體寫過幾篇評介文章，本文也算是其中之一，向你獻醜。

你在〈吳鈞陶詩歌的視野〉一文的結尾，曾經透露。當年，你之所以能夠跨過生命的難關，乃是你的小女兒的眼睛拯救了你。此刻，對我這個思想日漸遲鈍，在寫作的最後歲月中，時時感到迷惘困惑者來說，你的書信體有如我的救星。我好像也看到了你的女公子的眼神。

二〇〇四年八月八日　於台北縣中和市文廬

《葡萄園》一六四期

守住夢想的翅膀

·評《呂進短詩選》

呂進在中國當今的詩壇上，不但是一位非常重要的詩論家，也是一位影響非凡的詩歌教育家。這從兩方面可以得到證明：

其一：著有大量的詩學理論，已出版的，即有《新詩的創作與鑑賞》、《給新詩愛好者》、《一得詩話》、《新詩文體學》、《中國現代詩學》、《呂進詩論選》、《文化轉型與中國新詩》、《對話與重建》、《現代詩歌文體論》、《二十世紀重慶新詩發展史》等達十部之多。

其二：自一九八六—二○○二年，長期擔任西南師大中國新詩研究所所長，從事實際的詩學教育與播種，影響之深遠，不言可喻。

作爲詩論家和詩歌教育家的呂進，在嚴肅的詩論寫作和教學之餘，對於詩歌創作，似乎也有某種程度的鍾情。本（二○○四）年八月，在香港《中外現代詩名家集萃》主編傅天虹的邀請下，他推出了一本中英對照的《呂進短詩選》。據說，這也是呂進至今唯一的詩選。全書收詩二十四首，其中半數以上的作品，在《葡萄園》、《詩刊》、《銀河系》等刊物發表時，我都讀過，今再閱讀，如逢故友，倍感親切。

記憶最深的是，二〇〇一年，由我輪值《中國詩歌選》主編時，曾由《銀河系》詩刊三十三期，採用了呂進的一首深含意趣的作品：〈你的名字〉，詩後作了簡短的點評，現抄錄如下，與讀者分享。

你的名字

你的名字是夜航者前方的燈
閃耀希望，燃燒熱情

你的名字是春天的雨
綠了大地，化了堅冰

你的名字是愛神的別稱
溫馨的約會，甜蜜的擁吻

你的名字是屋頂，關愛我們地球上
黑皮膚、黃皮膚、白皮膚的家庭
你的名字拒絕硝煙彌漫
沒有流血，沒有哭聲
你的名字是神話般的未來
和睦的世界，花開的夢境
將你的名字刻在我們心上
讓它融進每個人的生命
將你的名字寫在嬰兒的微笑裏
讓它在下個世紀發出人類的最強音

點評：這首兩行式民歌型的作品，用詞雖然熱情奔放，但卻是一首深藏不露之作。雖然全詩用了五個「是」字，從頭到尾，「你的名字」到底是什麼？卻沒有明確地說出來。原因是這些「是」字，都是隱喩的喩詞，它所帶出的，不論是「夜行者前方的燈」、「春天的雨」、「屋頂」或「愛神的別稱」，都是具有象徵意義的比喩，而不是那個抽象的名詞。這是詩美或詩歌藝術的需要。但我們從「你的名字拒絕硝煙彌漫／沒有流血，沒有哭聲」中，似乎可以得到相當的啓示。若然，詩人高聲讚美的，該是二十一世紀夢寐以求的「和平」吧。愛好和平的中華兒女啊，願我們共同努力。

回頭再看這本詩選的第一首詩：〈守住夢想〉。也是兩行體的作品，共九節。節錄前三節如下：

守住夢想，守住人生的翅膀
守住夢想，守住心上的陽光

不為一朵烏雲放棄藍天
不為一次沉船放棄海洋

荒漠中守住一方綠洲
風暴裏守住一片晴朗

詩人滿懷人生的希望，念念不忘的，是想要守住「夢想」的「翅膀」，守住「藍天」、「海洋」，守住「綠洲」、「晴朗」，字字句句，充滿昂揚向上的情懷，給人生莫大的鼓舞。

再看一首八行的小詩，〈既然〉：

既然往昔能夠成為往昔
就讓過去的日子過去
一如花開以後的花落
一如春天以後的冬季

既然有冬雪就會有春雨
既然有花謝就會有花季
就讓過去的日子過去
既然往昔能夠成為往昔

這是一首以時間喻示人生的小品，詩人只說了幾個比喻：「花開以後的花落」、「春天以後的冬季」、「有冬雪就會有春雨」、「有花謝就會有花季」，暗示人生要面對現實，順其自然，既不必懷憂喪志，也無需時時沉湎於過去。首尾各兩句的回文，呼應與倒裝，天衣無縫，尤見機趣。

〈中年〉一詩，別具風采，應是詩人的自況之作。全詩如下：

你的山，我的山
組成人間的畫面
山的這邊是絢麗的花海
山的那邊是清雅的果園

花開季節上山
春的步履，春的浪漫
一朵小花也會幻化出夢的故事
一泓小溪也會掀起詩的波瀾
山路鋪滿驚奇

花叢掩著讚嘆

花落季節下山
秋的風度，秋的蹣跚
步步都有果實的收穫
步步都在邁向冬天
山路鋪滿感慨
果林掩著沉重

你的山，我的山
從地面出發，又回歸地面
山的峰頂有花的記憶，果的召喚
它的名字就叫中年

這首詩，以「山」爲中心喻體，以「花開季節上山」、「花落季節下山」，喻示人

2000 年 9 月 16 日，西南師大中國新詩研究所所長呂進（左）聘請文曉村爲該所客座教授後合影。（邱淑媶／攝）

生由青年邁入中年的歷程。上山時，是「春的步履，春的浪漫／一朵小花也會幻化出夢的故事／一泓小溪也會掀起詩的波瀾」；下山時，是「秋的風度，秋的蹣跚／步步都有果實的收穫／步步都在邁向冬天」。節奏輕快而又徐緩，翩翩風采中，流露出詩人自適自得的滿足感，也能給讀者同樣的安慰，正是中年豐收的寫照。

如果允許挑剔的話，第三節末句「果林掩著沉重」的「重」字，在音韻上欠諧，不知是否為手寫之誤？我以為應是「沉甸」較宜。因為「沉甸甸」雖為形容詞，縮為「沉甸」，即成抽象名詞，與「沉重」義同而音異，與上下文音韻相諧。不知詩人以為然否？

其他佳篇尚多，恕不再述，留待讀者朋友們慢慢地欣賞。

最後，我願誠摯地提個建議，希望卓著聲譽的詩論家與詩歌教育家呂進兄，當此已經越人生的中年，正是所謂橙黃橘紅時，在詩學的正業之餘，似乎也該為我們的詩神，為詩歌創作，多費一點心力，作出更多的貢獻。

二〇〇五年一月重慶西南師大《中外詩歌研究》第一期
二〇〇五年二月《葡萄園》詩刊一六五期

卷二　序跋

2002 年 9 月 25 日，作者在重慶市文史館座談會致詞。
（邱淑嫦／攝）

艾青先生訪問記

·《艾青詩選》台灣版代序

《艾青詩選》，正式授權在台北出版，這是第一本。

這兩年，由於兩岸實施開放政策，探親、經貿之外的文化、文學交流，也開始漸漸熟絡起來。三十年代，和文革之後崛起的大陸作家的小說，已在台灣出版，在市面公開發售的，不下數十種之多。而新詩方面，則除了一、兩本青年詩人的詩集之外，大陸眞正有聲望的大師級詩人的作品，卻仍付之闕如，這對台灣愛詩的讀者來說，固然是很大的遺憾，對促進兩岸文學交流而言，更是莫大的缺失。

今年八月，筆者趁探親之便，去了一趟北京，蒙詩人雁冀，和詩評家古繼堂的引薦，二十一日下午，特地前往北京東城豐收胡同二十一號艾青先生的寓所，造訪了這位譽滿中外的大師級詩人，和他的夫人高瑛女士。主人以香茗西瓜待客，賓主暢談幾近兩小時，有欲罷不能之勢。我仔細觀察，艾青先生雖然已經八十高齡，在「反右」和「文革」動亂中，從黑龍江的北大荒，到新疆邊陲的大沙漠，二十一年的流放生活，身心所受的折磨和創傷，決非局外人所能想像於萬一；我們所能看到的是，他的右眼已經失明，外出須以輪椅代步；但其身體健康狀況，比我想像中要好得多，尤其談起詩來，一直面帶笑容，十分愉快。當我以拙作《水碧山青》呈贈大師，請求指教時，艾老即以《艾青詩選》、《艾青短詩選》、《域外集》，以及研究艾青作品的專家周紅興所著《艾青的跋涉》等多册新書回贈，使我頓生豐收胡同大豐收的榮幸感。

談話中，我問：艾老的書是否願意授權在台灣出版？艾老欣然應允。當即揮筆，寫一便條，算是委託書，囑我全權辦理。我承諾，要找一家最好的出版社，爲他出書。

返台後，幾經思考，我找上「漢藝色研」，經與公司總策劃顏崑陽教授細談，並徵得總監林蔚穎先生的首肯，當即決定由我代爲選詩，「漢藝色研」則以最高的藝術品質，將大詩人艾青的經典之作，介紹給台灣的讀者。

這就是《艾青詩選》第一集出版的經過。

一九八九年九月十二日於中和市

《詩歌之旅》序

詩歌，不只是文學的花朵，不只是一種唯美的表現。

在本質上，詩歌是性靈的產物。它可以是單純的抒情，詩人心靈的告白；也可以是複雜的曉喻，民族和時代的心聲。

在和平的環境中，詩人所訴求的，可能只是人生、男女之間的愛情；但在戰亂不安的年代，詩人的心靈，不可避免地會觸發到家國之痛的大愛上。在我們歷盡痛苦悲傷的這個時代中，任何一位忠於國家民族的詩人，都可能自覺或不自覺地，多多少少寫出過一些反映時代心聲的作品。這些聲音，不論是來自泥土和河流，或是遙遠的雲端，也不論它是讚頌或批評，只要是發自於眞情良知，都值得我們張開心靈的耳朵，仔細傾聽。

「葡萄園詩社大陸訪問團」在組團之初，便想到如何從團員的作品中，編選一本訪問團專有的詩選，在大陸訪問的過程中，通過詩歌朗誦的方式，把我們心靈深處的聲音，傳達給大陸親愛的父老鄉親，想哭的時候我們就哭，想笑的時候我們就笑，讓我們的心靈像泉水般的交流；讓詩歌宣告，我們是血濃於水的同胞兄弟，任誰也不能再讓我們忍受分離的痛苦。

應該要特別加以說明的是，《詩歌之旅》中的十二位詩人，並非全屬葡萄園詩社的成員，除了金筑、晶晶、張朗、白靈、台客、劉菲、文曉村等七人爲葡社同仁外；李春生、路衛、秦嶽、林玲等四位均爲海鷗詩社的靈魂人物，他們因時間的限制，只能參加北京、開封、鄭州三個地方的訪問；楊平爲新陸詩社的主編，此次也因緣附會，結伴同行。由於大家只想藉此詩歌之旅，與大陸詩友交流詩藝，增進友誼，進而促進兩岸文學的交流和兩岸之間的良性發展，便沒有作任何名位的安排。我願在此，謝謝大家的支持。

最後，我們也願誠摯地，把這本小書，獻給每一位有緣的詩友，祝福你健康、快樂。更願從此之後，你我心連心，手牽手，共同創造美好的未來。

一九九三年七月十日於台灣中和市

月亮是一個可愛的千面人

·序徐煥雲童詩集《月亮的歌》

數年前，我在主編《葡萄園》詩刊的時候，曾收到大陸作家徐煥雲寄來的童詩，想像豐富，別有情趣。但因《葡萄園》是一份成人的詩刊，原則上不發表童詩。怎麼辦？這麼優美的作品，不能和讀者見面，豈不可惜？於是，我寫了一封信，把這些作品推薦給國語日報副刊組。副刊組的同仁慧眼識英雄，不但接納了這些作品，而且是在彩色版配圖發表，極爲重視。後來，徐煥雲便成爲國語日報彩色版經常出現的作者了。

《月亮的歌》中，每首歌謠都隱含有一個美麗的小故事。細心的讀者，仔細品味，還可能體會出更深一層的情意。例如〈摘月亮〉：「媽，媽，澆南瓜，天黑了，沒回家，摘個月亮照著她。」全詩五行，十八個字，「媽」、「瓜」、「家」、「她」四個字，押「ㄚ」韻。聰明的讀者，讀兩三遍，一定能琅琅上口，背誦自如。它的趣味，就在結尾那句，「摘個月亮照著她」。天上的月亮，怎能摘呢？這當然是個美麗的想像。其中的故事是：媽媽到田裡去澆南瓜，天黑了，還沒有回家，看不見路怎麼辦？嗯，我想起來了，把天上的月亮摘下來，爲媽媽照路吧！再深一層去想想，不是還有一種孩子對媽媽的關愛孝思嗎？

在這本書中，除了有幾首，把月亮比擬作燈、船、橋、糖、葫蘆、雞蛋等，屬於以物擬物的方法外，大部分都是把月亮比擬爲人的擬人手法，來敘說詩中的故事。更妙的是，每首詩中的人物都不一樣。在作者的筆下，月亮，一會兒變成拉大鋸的月公公，一會兒變成教貓咪唱歌的月婆婆，一會兒又變成新娘的月娘娘，或是採蓮花，看瓜瓜的女娃娃，簡直就是一個可愛的千面人呢！

最後，我想再告訴讀者一個小小的秘密：創作童詩三十多年的徐煥雲，除了去年交給國語日報出版部的月光童謠一百首之外，目前，有關月亮的童謠詩歌，他又完成了第二個一百首的新作。對於我們這些多年來，一直住在高樓大廈裡，每天晚上不是進補習班，就是在家裡做功課看電視，連月亮是個什麼樣子都沒見過的年輕朋友來說，能讀到一些優美的月亮的詩歌，應該是非常值得高興的事吧？願我們大家一起來期待。

一九九四年八月一日《國語日報·少年版》

《九歌行》序

自兩岸改革開放以來，經貿文化各種交流，均有可觀的成果。其中，民間的文學交流，成果更是豐碩。據筆者個人以《葡萄園》詩刊統計資料爲例，自一九八八年三月一零一期刊出《大陸詩人三十家》起，至一九九五年五月一二六期止，七年多來，共刊出大陸詩人作家的詩歌評論九十二篇，詩歌作品一〇一六首，人次達九百餘人，這個數字，十分壯觀。

兩岸詩人的互訪，就台灣的角度來看，以往常是去的多，來的少，顯示不平衡的現象。至一九九五的本年，忽然有了相當大的進展，從一月份詩人劉湛秋、曉鋼、周良沛，到六月份詩人雁翼，詩論家古繼堂胡時珍夫婦，七月份詩人黎煥頤，詩論家王常新等，均是以個人身份來台訪問；六月份以作家李準爲首，一行十八人的大陸文藝參訪團，其中有詩人晏明、吳茂泉、阿爾泰、駱曉戈，七月份瀋陽《詩潮》社主編劉文玉、羅繼仁，編委李秀珊等三人組團來台，無不獲得台灣各界尤其詩歌界各詩社的熱烈歡迎，或舉辦詩歌座談交流詩藝，或設筵歡聚把杯高歌，化熱情友誼爲永恆的詩源。

爲了更進一步促進兩岸文學交流，我們一群詩友，經過半年的籌備，組成「中國詩歌藝術學會和葡萄園詩刊社聯合訪問團」，定於本年九月十一日出發，先到東北哈爾濱、瀋陽，再到北京、石家莊、洛陽、鄭州、開封、上海，最後經杭州西湖，於十月十日返回台北，爲時一月。

詩人造訪，豈能空手？這本小書，就是聚集訪問團成員王幻、劉建化、文曉村、金筑、秦嶽、麥穗、宋后穎、台客、賴益成等九人的詩作而成。編排以年齒爲序，匆匆成書，希望他能代表我們九人，在母親的土地上，用遊子的歌聲，唱出山山水水的詩情。如果他也能算是一份小小的禮物，我們願伸出心靈的雙手，呈獻給您。

惟時間匆迫，疏漏之處甚多，尚請各位詩友方家，給予批評指教。

一九九五年八月四日於台北中和市

萬里山河不盡情

·序劉建化詩集《九歌行之旅》

金秋九月，九隻歌鳥，自寶島台灣，乘國泰五三一次班機，南飛即將回歸中國的香港，再轉北方航空六〇一〇次班機，橫越萬里山河，抵松花江畔的哈爾濱。

那是一九九五年九月十一日，由中國詩歌藝術學會和葡萄園詩刊聯合組成的「九歌行訪問團」，一行九人，前往大陸十大城市訪問的第一天。

所謂訪問，無非是要從事拜會、交流、座談，促進友誼的活動。而詩人見面，豈能沒有禮物？於是，我們九個人便臨時出版了一本詩選，命名爲《九歌行》。這就是「九歌行訪問團」命名的由來。詩人劉建化兄的新著《九歌之旅》，正是這次以詩會友的結果。

綜合這次九隻歌鳥大陸行的詩之旅，爲期三十天，先後訪問了哈爾濱、瀋陽、北京、石家莊、鄭州、洛陽、開封、上海、張家港、杭州等十大城市；拜會了各地文聯、作協和詩歌團體；與哈爾濱《詩林》、瀋陽《詩潮》、北京《詩刊》、北京大學中文系所、中國社科院文學研究所、綠風文化中心、石家莊《詩神》、鄭州大學中文系、民辦的《發現》詩刊社、洛陽《牡丹》、上海《文學報》、上海作家協會、杭州市文聯作協等單位，舉行了十三次以詩歌交流爲主的座談和朗誦；並參觀遊覽了蕭紅故居，瀋陽故宮、本溪水洞、萬里長城、蘆溝橋、河北蒼岩山、趙州橋、鄭州黃河遊覽區、洛陽龍門石窟、千唐志齋博物館、上海外灘夜景、中國環保第一城市張家港、蘇杭運河、杭州西湖等名勝古蹟。所到之處，詩歌學術團體和親友的宴會招待，更是熱情洋溢。幾乎每次的宴會，都有熱情的詩友，以歌唱朗誦助興，把詩情友誼譜成難忘的音樂。詩人金筑唱的《松花江上》，不止一次地，贏得掌聲和眼淚。三十天的《九歌行》，爲一九九五的兩岸詩歌交流，寫下了輝煌的新章。

返台之後，《葡萄園》詩刊一九九五冬季號，在六十五頁的《九歌行專輯》中，雖然九位詩友，王幻、秦嶽、麥穗、金筑、劉建化、賴益成、台客、宋后穎和筆者，都有各顯風彩的詩文發表，但在短短壹個月之內，成詩八十四首，結爲《九歌之旅》詩集出版的，卻只有建化兄一人。

《九歌之旅》，以內容不同，慨分爲〈詩情交流〉、〈名勝遊記〉、〈人物畫像〉等三輯。其中少數是寫於旅途之中，大部份寫於返台之後。其詩不論抒情寫景謳歌人物，多喜鮮詞麗采舖排篇章，追求唯美唯善的詩境。本集的另一特色是，對諸多雷同的題材，多能以不同的筆法形式來表現，避免千篇一律的乏味。

劉建化稱得上是一位多產的詩人，除已出版的十部詩集外，已經完稿的詩集尚有三十部之多（曉村按：據建化兄告知，至二〇〇五年二月，已完稿的詩集，已達百部）。近年來，更有六百多首《詩人雕像》的創作，一反文人相輕的排他性，而對他讀過的識與不識的詩人，全都給以讚美的掌聲。日前在電話中，他又透露，最近讀了幾本大陸女詩人的詩集，詩情大發，他要以詩寫詩，寫幾部應和的詩集，第一部《和〈潘虹莉詩歌集〉九十首》，初稿已經完成。第二部也已開始動筆。他要用自己的詩，鼓勵她們創作更多更好的作品。美哉！斯言。讓我們拭目以待。

一九九六年元旦台灣中和市半山居

向前跨出這一步

·《中國詩歌選》一九九六年版後記

《中國詩歌選》一九九六年版，四校定稿之後，願向關心本書出版的海內外作、讀者朋友，提出如下幾點報告：

第一、向前跨出這一步

編委會在討論本年《中國詩歌選》的編輯方針時，做了一個突破性的重大決定：將以往選稿只限於台灣地區的原則予以改變、擴大，把大陸及海外各大詩刊詩報的作品容納在內。如此，可以打破台灣的小格局。向前跨出一大步，跨過海峽，面向中國和世界，使《中國詩歌選》，名符其實地，成爲全中國和全世界所有華文詩人的詩歌選。

現在，我們可以自豪地說：我們已經相當程度地做到了。

誠然，由身在台灣的十二位編委，收集當地的作品不難；但若把大陸及海外各大詩刊詩報的作品也容納在內，在當前兩岸僵局仍未完全打開，卻不是一蹴可幾的事。怎麼辦？爲了趕時效，邀請大陸及海外詩刊詩報的編者代爲推薦作品，乃是唯一可行的途徑。於是，我們便邀請北京《詩刊》李小雨、瀋陽《詩潮》羅繼仁、哈爾濱《詩林》陳丹妮、石家莊《詩神》郁蔥、成都《星星》楊牧、重慶《銀河系》楊山、新疆《綠風》石河、上海《中國詩人》黎煥頤、安徽《詩歌報》月刊蔣維揚、廣州《華夏詩報》野曼、武漢中南財經大學台港文學研究所所長古遠清、香港《世界中國詩刊》藍海文、菲律賓《萬象》詩刊和權、美國《新大陸》詩刊陳銘華等，請他們擔任《中國詩歌選》一九九六年版特約編委，將過去一年內各家詩刊詩報或文學刊物中，最具代表性的詩作，推薦若干篇，供編委會作通盤考慮的取捨。

感謝這一群同行朋友，除了《華夏時報》野曼先生，因外出，未能及時推薦作品特別來函致歉，這次從缺外，其餘十三位特約編委，都及時寄來他們推薦的作品，使《中國詩歌選》一九九六年版，不論在量的代表性，或質的藝術表現上，均能獲得大幅度地成長與提高。我們在此由衷地感謝。

第二、讓數字說話

《中國詩歌選》一九九六年版入選作者計一二〇人，詩作一四七首，分編爲：《台灣卷》五十人六十九首，《大陸卷》五十八人六十二首，《海外卷》十二人十六首。這些作品分別選自兩岸三地十四種詩刊詩報，十二種報紙副刊和雜誌。回顧一九九四年版入選作者八十人，詩作一一〇首，內台灣地區五十五人七十八首，大陸地區十六人二十首，海外地區九人十二首；一九九五版入選作者一〇五人，詩作一三九首，內台灣地區五十八人八十三首，大陸地區三十五人四十二首，海外地區十二人十四首。從這個統計數字中可以看出，大陸地區入選的作者和詩作，每年都有大幅度地成長。也可以顯示出，本書編委同仁，絕對沒有偏私的本位思想或地域觀念。特別令人安慰的是，《中國詩歌選》一九九六年版編輯過程中，正是兩岸劍拔弩張好像隨時都會爆發戰爭的當口，編委同仁仍然信心十足，絲毫不為所動，我們相信，中國人會有足夠的智慧，解決自己的困難。我們的《中國詩歌選》，不僅今年要編，今後還要繼續編下去，以促進兩岸三地的文學交流，而且要藉這個園地的開發，繁榮中華民族詩歌藝術的發展。試想，讓兩岸三地一百二十位詩人在一部詩選的大家庭中歡歌誦唱，該是何等心悅靈飛的樂事！

第三、沒有嫉妒，只會競爭

台灣現代詩元老，目前旅居美國的詩人紀弦，三十年前曾提倡詩的大植物園主義；大陸當今也有許多詩人激賞百花齊放百家爭鳴的雙百指向；詩人雁翼在本書〈牡丹園尋趣之六〉中，便稱美那些形色香味不同的花朵是：「沒有嫉妒／只會競爭」。校完《中國詩歌選》一九九六年版，心中竟有這種不謀而合的聯想與感應。

在《台灣卷》中，當你讀到余光中的〈母難日三題〉，作者賦今思昔，想和母親撥一通電話猶不可得；陳義芝寫母親〈遲學〉的憾恨與無奈；林紹梅以〈距離的感覺〉，吟遊子思親；林煥彰，通過〈搖搖椅〉，思及三代的倫理親情，又怎能評斷「情」的高下呢？讀上官予的〈芙蓉〉，必須從繪畫音樂入手，才能品出個中三昧；王祿松的〈海的誓願〉，一反往昔英雄豪邁的氣概，轉向「千山化做繞指柔」、「水花噴薄，千湖詠歎」，輕歌淺唱的風韻；羅門在〈歲月一直是這樣變調的〉詩中，將加護病房中將軍的勳章與葡萄糖點滴劃成的只是一條「永恆的虛線」，藉以調侃嘲諷人生的悲劇性；去歲參加「九歌行訪問團」，足跡踏過故園半壁山河的王幻，看到〈北京正陽門〉，聯想所至，卻是那「不媚俗不可侮的／一身凜凜風骨」；劉建化的〈登萬里長城〉，和秦嶽的〈漫遊三峽〉，詠歌的何止是壯麗的山河！

在女性詩人中，涂靜怡的〈情關〉和〈以爲〉，仍有詩集《畫夢》的印痕；晶晶的〈紅豆依舊〉，在憶往中，仍不免歎息「心上永遠的痕」；莊雲惠從〈溶心曲〉的痴情，到〈回素〉中悟及「玫瑰花凋的悲喜／都化爲芳馥的感謝」，不知其間須要克服多少痛苦的掙扎；席慕容的〈婦人之言〉，在「我／原是因爲這不能控制的一切而愛你」，和「我／原是因爲這終必消逝的一切而愛你」，其間有何差異？關係何在？讀者不能不加思索；蓉子在〈奧秘〉中，感悟到人，「只是泰山腳下一粒無足輕重的泥塵」，反映出女性詩人不同的思考。

《大陸卷》中的作品，亦是多采多姿。從女詩人丁惠敏寫〈春雨〉「是一段花約／輕叩我的心跳」；李秀珊在〈背影〉中，訴說「再沒有比隱秘的思念／更痛苦／更纏綿」；張燁的〈藍色〉，以海爲喻寫愛情，「愛就是瘋狂的海浪／遠我而來，近我而去／如今，我對誰也恨不起來／唯有愛總不能忘記」。背景儘管不同，女詩人寫情，仍是她們的最愛。

在台灣有羅門、蓉子夫婦檔的詩人傳爲美談，大陸則有李瑛、李小雨父女檔的詩人，亦爲人所稱道。但他們的詩風卻完全不同，李瑛在〈青海的地平線〉中，不只是寫藍色的雪山、白色的雲朵，黑色的牝牛，呈現的是大西北不盡的蒼茫；李小雨的〈杯子〉小中見大，「站在杯子的外邊往裡看／如看人生」，「生命並不比一杯水的流失更長久」，發人深思。

張俊山的〈鐵塔聽鈴〉，黃土的〈頤和園〉，蕭雨的〈李清照〉，程維的〈曹操與一杯酒〉，李順驊的〈白鹿洞書院〉，季振邦的〈十指纖纖的姑蘇〉，黎煥頤的〈中秋望月〉，郁蔥的〈對一個古城牆的理解〉等，或即景生情，或藉物寄懷，或發思古之幽情，不僅讀之令人陶然，亦且對大陸山河處處盡是可歌可頌之美景古蹟，頓生孺慕與嚮往。

當然，面對現實，關懷社會亦是詩人不可逃避的責任，魏氓的〈深夜吹蕭人〉，路也的〈年關，想賣火柴的小女孩〉，是這方面代表作，路漫的〈威斯敏斯教堂的節日〉，和李松樟的〈枕著炮聲入睡〉，將詩人的關懷，延伸至英倫和南歐「薩拉熱窩的戰爭」。

八十六歲的老詩人魯藜，近年來與病魔奮戰中，仍有源源不斷的作品，從生活淬煉而出的〈老虎篇〉，深沉銳利中，更見智慧；九十歲的鄭敏，返璞歸眞寫〈童年〉，發現「童年是一隻無言的天鵝」，是幻也似眞；另一九十歲的老詩人蘇金傘，在〈早晨與孩子〉中說：「別站在黃河岸上／唱祖輩留下的歌／別拿著小鏟／去挖去年挖過的茅草根」。啓人深省。

李剛的〈黃河〉，李淩的〈把根留住〉，吳炳釗的〈趙州橋〉，萬永斌的〈留一隻眼睛〉，是鄭州大學一項新詩創作獎中脫穎而出的得獎作，能贏得編委同仁一致的青睞，所顯示的，不只是榮譽之外的榮譽，從他們都是青年學子而言，再次證明，詩歌是永遠不會消亡的。

在〈海外卷〉十二位作者中，田舟的〈過深圳〉，寫出海外華人對大陸祖國建設的憧憬；紀弦的〈四度空間漫遊記〉，在幽默自信中，對未來世界充滿神秘的玄想；非馬的短詩，犀利非凡，常能一語中的，給人快感，我們在台灣兩家民營報紙的副刊中，一口氣選出了〈化裝舞會〉、〈路易斯湖〉、〈松〉、〈洛磯山〉四首，請讀者欣賞；黃雍廉爲遺忘的抗戰勝利五十週年，高歌〈抗日英雄張自忠〉，莫忘：「一粒穀子的入土／贏來九月金黃的秋收」；楊華銘近百行的〈摩娜麗莎〉，是東方詩人與西方美女靈犀互通的對話和顯影，的是難得；藍海文的〈麥堅利堡〉，再現的不只是七萬朵十字花落日輓歌的悲壯，而是藉著那個死透的世界，對山姆大叔好管他人閒事的嘲諷，可謂壓卷之作。

第四、詩人雖去，詩歌永存

本書的兩位作者，曾任北京《詩刊》主編，八十歲的鄒荻帆，和曾任重慶西南師範大學教授、副校長，八十二歲的方敬，先後在年前（一九九五年九月五日），和今春（一九九六年三月十七日）去世；另一位《歸來的歌》者，八十六歲的老詩人艾青，也在五月五日辭世，八個月之內，走了三位著作等身的詩人，愛詩者都不免爲之哀悼。唯我們相信，詩人雖去，他們的詩歌卻永遠活在我們的心中。編委會在此，願和萬千愛詩的讀者，一起獻上誠摯的懷念與敬意。

第五、說明感謝與希望

說明之一是，編委會由去年的十人，本年則調整爲十二人的新組合，名單如下：王幻、王祿松、李春生、金筑、周伯乃、涂靜怡、麥穗、秦嶽、莊雲惠、劉建化、潘皓和筆者，公推王幻爲主編。

說明之二是，《中國詩歌選》創刊伊始，先由漢藝色研出版公司發行，去年改由文史哲出版社發行，今年再改由詩藝文出版社接棒發行。舊雨新知，我們一齊表示感謝。

如果本年的《中國詩歌選》有更多的佳作，更有看頭，我們應感謝所有的作者。王惟先生爲我們提供了一幅賞心悅目的攝影作品，充當封面，我們也在此敬表謝意。

最後，我們希望《中國詩歌選》能編得更好，更受作、讀者歡迎。我們也竭誠歡迎朋友們，給我們批評、指教。

一九九六年六月中和半山居

不盡長江滾滾來

·劉松林詩集《醉舞星河》跋

1

和詩人劉松林結緣，起於數年前，筆者參與台灣《中國詩歌選》編務時，在《台灣詩學》季刊中，讀到他的〈與初唐四杰相握〉（組詩），深感在詠古詩中，獨具風采，當即推荐了其中〈王勃〉、〈楊炯〉二首，入選一九九五年版的《中國詩歌選》。不久，接到重慶西南師大中國新詩研究所毛翰主編的一九九四年卷《中國詩歌年鑒》，十分驚喜地發現，其中也選了劉松林的〈與初唐四杰相握〉（組詩），且是四首全部入選。我也頗爲驚訝地發現，在九五年兩岸同時出版的《中國詩歌選》、《中國詩歌年鑒》中，同一作品入選兩大詩歌選本，〈與初唐四杰相握〉，是獨一無二的唯一之作。由此可見，劉松林的作品受到兩岸大型詩選編者賞識和肯定的程度。本年我和詩人濬皓教授主編的《中國詩歌選》一九九七年版，又選了劉松林的〈青蓮在酒中燃燒〉。我之所以願意在這本書中寫一篇文作跋，便是很想將這一段詩壇佳話公諸於世，借以說明，劉松林的詩歌是多麼受人歡迎。

2

自兩岸開放，展開文學、尤其詩歌交流之後，從各大詩刊和許多詩選集中，我發現許多詩人，都不約而同地，把關注的焦點指向中國歷史題材的發掘和文化精神的再現，或歌頌讚美，或批評諷喻，或多或少，均有以古鑑今的寓意。山東大學吳開晉教授，評論此一文學現象，爲「東方智慧的延伸」。這裏不做詳論。本文想要探討的是，劉松林的詠古之作。

自一九九四年至一九九六年五月，劉松林在《葡萄園》詩刊先後發表了七首作品，除〈大葉楊〉、〈法國梧桐〉爲詠物，〈田壠上的父親〉爲懷親之作外，〈黃巢〉、〈李自成〉二詩，副題均點明爲〈驚雷滾地的歷史〉；「熱熱鬧鬧，瀟瀟灑灑／從宋元／清新到如今」的〈清明上河圖〉，自然都屬詠古之作，也略而不論。下面請看〈中國月亮〉：

從春江潮水裏脫穎而出
喜歡飲李白詩句
三千首只是一小杯

中國月亮　陰在
山河破碎的驟雨裏
晴在雄雞唱白的小霧中
圓在生死戀人
似淚似雨的燭光內
缺在　朝盼暮盼　好夢將圓
卻功虧一簣的
遺憾上

中國月亮　陰時
無數顆丹心掩埋無數個月亮
晴時　無數顆頭顱照亮
無數個月亮
圓時　無數淚珠把月亮
泡得圓而又圓　缺時

無數母親把月亮讀成
結痂的傷疤

中國月亮 說圓
就圓 說缺就缺
幾番圓圓缺缺
便是枕上春夢中
幾多滄桑的明明滅滅
幾輪嘈嘈切切

中國月亮
含在口裏不知是甘是苦
攬在懷裏不知是夢是真

此詩共五段，首段三行，從唐代詩人張若虛的〈春江花月夜〉和李白的〈月下獨酌〉切入，展開全詩的層層發展。應該指出的是，李白的原句謂：「花間一壺酒，獨酌無相親。舉杯邀明月，對影成三人。月既不解飲，影徒隨我身。」李白邀月共飲，月亮卻是「不解飲」酒的樂趣。作者劉松林詩筆輕揮，讓月亮「喜歡飲李白詩句」。好了，而且飲量巨大，「三千首只是一小杯」，這個開頭的設想，自然而富有情趣。

第二、三、四段，均以月亮的陰、晴、圓、缺上下功夫。靈感可能來自蘇東坡的〈水調歌頭〉：「人有悲歡離合，月有陰晴圓缺，此事古難全。」細味二、三、四段三種陰晴圓缺，從個人的生死愛戀，到「留取丹心照汗青」的國族之愛，和月亮「說圓就圓說缺就缺」的人生無常，創造了三種不同的境界，爲讀者提供了豐富優美的思考空間。詩中有多首古詩的影子，像杜甫〈春望〉中的：「國破山河在，城春草木深。」李商隱〈無題〉中的：「春蠶到死絲方盡，蠟炬成灰淚始乾。」杜牧〈贈別〉中的：「蠟燭有心還惜別，替人垂淚到天明」等等。有些則是作者獨出心裁的創造。因爲作者用的是活典，典故都已化成自己的詩句，讀者知道其用典出處，固然可享閱讀的樂趣；即使不知作者是否用典，從平易可解的詩句中，也能領悟其詩意，得其所哉。

結句，「中國月亮／含在口裏不知是甘是苦／攬在懷裏不知是夢是眞」作者不說破，留給讀者慢慢品嚼，亦是高明之筆。

3

有人寫古，旨在逃避現實；高明者借古曉喻，自有其深意。劉松林的詠古詩，應該屬於後者。

中國有五千年歷史文化，三千年詩歌長河，正如杜甫的詩句：「無邊落木蕭蕭下，不盡長江滾滾來。」巍巍蕩蕩，取用不盡。願朋友們共享共勉。

一九九七年七月九日

《葡萄園》詩刊一三七期

端一席詩歌華宴

·《兩岸女性詩歌三十家》跋

遠在一年前，就有編這本書的構想，直到本年三月，才最後定案。從約稿，到出版，只有短短的三個半月，終能如期，端出這一席詩歌的華宴。謝謝三十位繆斯的女兒，以限時航空快遞及電子傳眞，迅捷而熱情地，提供她們最佳的作品，任編者自由取捨或補充。也謝謝我的伙伴，高才的詩歌藝術家祿松兄，在最短的時間內，以生花妙筆，爲三十位詩家歌者撰寫精湛的詩品。還有幕後擔任實際執行編輯而不肯掛名的賴益成，在最後關頭，不眠不休的付出。

爲什麼只選三十家，而不編五十家一百家，完全是爲了編輯的方便，和時間進度的控制。此外，最重要的是，我們希望兩岸入選詩人的均衡，並兼顧老中青三代的代表性。

台灣方面，由五十位初選的名單中，邀請了胡品清、蓉子、晶晶、李政乃、張香華、夐虹、涂靜怡、席慕蓉、尹玲、鍾玲、詩薇、葉紅、雪柔、洪淑苓、莊雲惠等十五位。

大陸方面，活躍於當今詩壇的女詩人，數以百計，因聯絡不易，我們只能在資訊所及者中，邀請了鄭敏、鄭玲、劉暢園、傅天琳、張燁、梅紹靜、陸萍、薩仁圖婭、李小雨、舒婷、李琦、顧艷、巴莫曲布嫫、娜夜、梅卓等十五位。

對於兩岸，應該入選，限於名額，未能入選，而造成遺珠之憾的朋友，我們深感抱歉，但願以後有另作安排的機會。

現在，請允許我用最少的文字，談談我對本書三十位詩家入選作品校稿過程的感想，與讀者朋友分享閱讀的快樂。

鄭敏是一位偉大的母親，對自己的兒女和別人的孩子，用詩歌付出同等的愛；我能讀懂，她要讀者，記憶什麼，切斷什麼；我爲風雨中摧落的蘋果，不能重新接上枝頭，而擱筆三歎。

胡品清是我最尊敬的詩人之一，三十年前，我爲她的《玻璃人》寫過萬言長評。今天，看她把一隻瓷像，安置於不可觸及的地方，只仰望、眷戀，而不觸及。不能不向這位形上抒情詩人，肅然起敬。

永恆青鳥的蓉子，與我同齡，但在我心中，稱她爲詩姐。我也爲她寫過〈枝繁葉茂因有根〉的詩評。她就是一朵青蓮，一朵荷池的古典。傘是可以載花，可以爲杖爲亭，是蓉子的魔術與哲學。偶爾她也歌讚駿馬，或凝睇床頭的粧鏡。

南方的鄭玲，渴望一格屬於自己的窗子，又害怕那是另一種愚蠢。她看見白色的蝴蝶，從風暴中飛來，不知是傳遞春天的消息，還是來撫慰痛苦的心靈？他從夕照的背影中，看一尊雲石的雕像，如何容光煥發地轉過身來。

晶晶，一位祖母級的詩人，我爲她的詩集，寫過序，也寫過跋，當然不會忘記她的碧潭和窗外；她那曾經擁有的，豈止是垂懸碧波之上的吊橋。即使那非金非石，任你捏任你塑，甘願以火紋身的陶缶，也要細心品讀，才能領悟其深意。

遠在哈爾濱的劉暢圓，四年前，訪問哈爾濱時，有過一面之緣，從她的談話中，使我更爲深刻地感悟她的滄桑小調：那蹲在枝頭的寒鴉，那倒下時，又溫柔地望著獵人的鹿、豈不都是詩人自己的寫照。

李政乃，是另一型的祖母級詩人。她寫清香盈袖的晚景，對散韻難爭，東西抗衡的詩壇，保持清香的純眞，而不肯婍麗的花市。偶爾，她也端詳破夜的曇花，裸看自己；寒木的心，不因秋涼而觳觫。

張香華，最近這幾年，已經將她的關懷，從台灣、亞洲；分沾到東歐，細心的讀者，應能察覺：儘管茶不說話，只在一旁飄香；多麼盼望，呻吟和流淚，噤不出聲。誰說，橡樹被鋸開，聽不見年輪喊一聲痛。

敻虹，從卑南溪的金蛹，從不敢入詩來入夢的女子，從刀痕吻痕都得原諒的愛中，從中國來龍叩問般若的慈悲中，我看到她將佛牙舍利子燃成說法的明燈，一朵火燄中的紅蓮。

與悠悠秋水相伴二十五年的涂靜怡，一個從苦難中成長的女子，從織夢畫夢種夢的歲月後，等待季節的轉換，等待雪融花開的春天，莫讓溫柔的誓約溜走。可喜的是，晚景中，仍有一顆童稚的詩心。

讀席慕蓉不同於唐詩的出塞曲，懷想草原閃金光，英雄騎馬歸故鄉；在黑夜的夢裡，她的靈魂還原爲一匹，向北方曠野狂奔而去的野馬，我看見一位從七里香出走的詩人。即使在哀傷的霧中，我願用掌聲擊鼓。

喜歡旅遊的尹玲，看誰的眼神如何遮掩晶瑩的淚；千萬不要去看，塞拉耶佛那隻剛巧飛過的鴿子。回鄉是一條千迴萬轉的愁腸，別管透視鏡看到的是幻是實，都將過去；還是端一杯好年份的葡萄酒，一飲而盡。

從香港回歸高雄的鍾玲，是一隻浴火鳳凰。她聽王昭君說，得不到的，屬於永恒。誰的低語如轆轤，汲出蘇小小心井深處的眞情，有待考證。詩人的憂傷，是春天和秋天，因爲只有一個季節，可供選擇。

傅天琳，一個年輕而可敬的母親。她把四川女人的背帶，寫成所有女人的母愛。讓一條背帶走呀走的，走成一幅油畫中的聖母。在聖母像前，爲什麼耶穌每一刻都在出生，每一刻都被釘在十字架上？你不能不想一想。

張燁，可是詩歌中的林黛玉？黛玉因葬花而吟詩，張燁的悼歌，卻是唱給靜靜躺在雪白的花叢，命定不能永遠同枕共眠的人，讀之喟然。而誰能讓陽光跪下去，跪在一個行乞女孩的面前，就像樹跪在落葉的面前。張燁能。

梅紹靜，是一條白羊肚手巾，她的歌，唱給一雙雙的驢耳朵，在小飯罐的米湯裡蕩漾。在時間之外，她的靈魂是一座金字塔，只有歷史在思念未來。誰的瞳仁裡有一盞燈，引她望見上帝的天空。她已從高原歸來。

陸萍，一個紅豆美的歌手，夢想一次縱情，用一千個吻，把柔情的靈魂，燃燒成山洪與地震。還有黃果樹瀑布，錢塘江大潮，深淵與騰雲。可惜空無的美學，只是不經意的一瞥，一切都沒有發生。

詩薇，是一根弦，把絲線穗兒收緊，綁住一樁塵封往事，但不敢輕彈，那深埋的春天。而寧願把柔情織成網、冶成絲，繞指纏綿，一生相伴，無懼地老天荒的試鍊。

薩仁圖婭，是露珠洗淨的月華，是守著太陽的月亮船。爲了愛，她同時間較量，把誰接在六月的枝頭，要愛，就愛個色彩芬芳。在內蒙古，不曾開墾的土地上，她是熱情的夏季。

李小雨，從半坡的陶罐中，她看到披髮的母親，裹著獸皮的母親，一個民族的誕生。她爲一粒沙，眼中流淚，在夢中驚醒。她也爲如血的滴滴紅豆之垂落，而歎息，而悲歌，在天與世界的盡頭。

舒婷，來自鼓浪嶼的女子，中國的木棉，做爲樹的形象，她和橡樹並立在一起。不必爭論，她對橡樹說的什麼話，但問足下的土地。誰在女貞子面前煽動新的背叛：與其在懸崖上展覽千年，不如在愛人肩頭痛哭一晚。

葉紅，從凋零的睡眠中走出來，不管駝鈴在泥濘中，寸步難行，任它情闕是風是雷是雨，是奔流不息的長江大河；愛恨之後的眞理，有多少或大或小的缺口，她喜歡光著腦袋，什麼也不想。

雪柔的斷代史，有雲時記載喜悅，有雨時記載憂愁，詩的冰河解凍後，流出動人的春聲。那管它青石道上，月光河前，紅顏凋成枯葉，等待輪迴的約定，握與不握，都是淒美的和弦。

李琦，大雪紛飛中的一朵白菊，誰說她只能在枝頭上飛翔。她有一個字，結滿最最甘甜的果子，從這個字出發，向這個字走去，這是她信仰的眞理。這個字也是你我的信仰和眞理。

顧艷，隱隱山外山，瀟瀟湖中湖，蘇小小在西冷橋畔，爲誰賦詩。收藏晚霞的西子湖，是否也收藏了她的記憶和等待？當月輝冷冷地撲面而來，她只能鋪開信箋，用伊人的名字取暖。

洪淑苓，一個始終不敢說出爲一滴酒醉過的歌者，卻讓一串珍珠把夜鎖緊，只留一盞水晶燈，看雙人枕上繡滿的詩句，醉臥高歌。再也不必呼喚那好人兒，借一把菜刀，砍伐心底的相思樹。

莊雲惠，從紅遍相思中，一路歌著愛著走來，想花開花落，染紅春天的容顏，想潮來潮往，覆蓋大海的胸廓。縱然傷痛，仍願把美好留給永不追悔的深戀，把淚意藏在眼底。

巴莫曲布嫫，一個來自大涼山白水河彝族的歌手，一個我已認識八年，台灣讀者可能十分陌生的詩人，她的夢是六月的汁液，她的心是三月的晨風，她把詩韻抽於嬰兒的鼻翼，兩百行的彝女，爲你唱的豈止是含著紫雲英香的山歌。

娜夜，這個名字，一看就知道，是滿族的女兒，她的歌是很調皮的，除非你有一顆眞實的淚，娜夜便不會用口紅吻你。但一首動情的歌，便能將她更輕的身體更輕地托起。

梅卓，一個來自青海大草原，藏族的女兒和歌者，她在二十四個節令中，歌唱微醺的拉薩，紅珊瑚的臉龐，綠松石的耳朵，琥珀的心；淚水落進塵埃，釀出青稞美酒的輪迴。還有右手中指與傷口，怎樣癒合。

校讀，不論是享受還是壓力，這一本五百多頁，包涵二七四首詩作的選集，我已仔細地校讀過，也粗略地報告了我的閱讀感想。現在，這一席華宴，就將要端到讀者的面前，作爲編者，我們誠摯地盼望，能夠獲得你的喜愛和欣賞。更希望得到你的批評和指教。是爲跋。

一九九九年六月二十八日《台灣新聞報》副刊

與風雲詭變的時代抗衡

——《中國詩歌選》二〇〇二年版序

二十世紀九十年代，是一個風雲詭變的年代，戰爭的陰影，災難的痛苦，在台灣，幾乎是揮之不去。二十一世紀，雖然隨著春天的腳步，含笑到人間，但當我們正在張臂相迎時，不幸，就在四月一日愚人節，中國南海的天空，一聲轟然巨響，中美飛機相撞，引爆了另一個世紀的危機！太平洋兩岸，有人竭力煽風點火，企圖火中取栗。一心只想躲在象牙塔裡風花雪月的詩人，你的眼睛，看到了什麼？你的鼻子，嗅到了什麼？對於這個依然風雲詭變的時代，自認時代先驅的詩人啊，又怎能閉上眼睛做駝鳥？

在這個可能生靈塗炭的時代，回想《中國詩歌選》，自一九九四年創辦發行，到本年——二〇〇一年版的出版，已經走過了八年，出了八個版本，好像是一個小小的「八年抗戰」。當然，眞正的八年抗戰，中國人民生命財產的損失，難以量計，據統計，僅以軍民同胞的犧牲，即超過三千萬人（比現在台灣全部人口二千三百萬，還要多出七百萬）！而我們，《中國詩歌選》的編委，雖然出錢出力，相當辛苦地度過了八年歲月，出版了八個版本，爲愛詩的讀者提供了一部兼顧傳統文化，現代精神，風格明朗，又深蘊有致的選本；也爲未來的學者專家撰寫文學史時，保存了一些可觀的好詩。但與偉大的八年抗戰相比，則又是非常地微不足道了。

我們頗爲引以自豪的是，《中國詩歌選》從八年前創辦之初，便注意到中華文化與台海兩岸文化交流的重要性。

中國是一個擁有五千年歷史文化的國家，中華民族之所以能夠雄踞東亞，歷五千年而不衰，所靠者，豈僅秦皇漢武的武力，更重要的應是源遠流長的文化。

晚近五十年來，台海兩岸，雖然劍拔弩張，軍事對峙，但迄今並未無情地相互廝殺，追根究底，恐怕還是同胞骨肉之情的不忍。這種骨肉之情，也就是中華文化深蘊博愛之所致。

誠然，無庸諱言，幾十年來，中華文化，也曾遭受過種種挫折與破壞；在台灣，由於兩岸早期的隔絕，歐美與東洋文化，夾工商科技所浸淫；復興中華文化，也常常流於官僚口號而不張，但社會與學校教育，畢竟有其深耕精耘的根基，即使二〇〇〇年政黨輪替，綠色執政，有人企圖以狹隘意識取代中華文化的傳統，惟深厚的中華文化，仍是深植人心，屹立而不搖。再說大陸，縱然歷經「反右派」，「文革」十年浩劫，文化古蹟，幾乎破壞殆盡；但「四人幫」垮台之後，不數年，「振興中華文化」的聲浪，又捲土重來，不可抑制；一九八八年，我從台灣回大陸探親，在深圳看到的第一個標語，就是「振興中華文化」六個大字。

再看近十多年來，台海兩岸，經貿文化交流，不絕如縷，大陸詩人作家來台者，想要參觀的第一個目標，就是台北故宮博物院。因爲那裡展出的，從青銅、陶瓷，到雕刻、書畫，盡是中華文化的瑰寶。台灣同胞去大陸，不論是探親訪問，或旅遊觀光，登長城，遊三峽，想要享受感染的，無非也是老祖宗留下的那些錦繡山河，文化光澤。

中華文化深厚的感染力在此。它是我們兩岸人民共同的遺產。我們因擁有這份寶貴的遺產，而同感光耀。這也就是爲什麼，我們在八年之前，出版第一本《中國詩歌選》時，在台灣各報刊入選的八十位詩人中，也選了大陸老中青三代——吳奔星、雁翼、劉文玉、茜子、黎煥頤、羅紹書、曉鋼、傅天琳、水曹郎、朱文杰、李小雨、藝辛、程維、馮傑、何蔚等十五位詩人作品的原因。

兩年後，自一九九六年版開始，我們更進一步，邀請大陸及海外各大詩刊的主編或著名詩論家，擔任《中國詩歌選》的特約編委，請他們代爲推薦各大詩刊優秀的作品，使《中國詩歌選》，相當程度地，成爲全世界中國人的一部詩歌選。藉著這個詩歌選本，我們希望兩岸和海外的詩人，發揮血濃於水的同胞愛，以詩歌的力量，與風雲詭變的時代相抗衡。必要時，應做國脈民命的中流砥柱，發獅子之怒吼，揭發戰爭狂人的詭謀，決不允許中國人自相殘殺！我們相信，骨肉同胞自相殘殺的時代已經過去！中華民族五千年歷史文化積澱的智慧，絕對有能力克服眼前的困難，創造和平幸福的明天。

二〇〇一年五月五日

於台灣・台北・中和

2002 年 9 月 21 日，葡萄園詩歌文化之旅，蘭州黃河母親像留影。左起：賴益成、娜夜、郭浚卿、江樹鑾、台客、文曉村、金筑。（邱淑嫦／攝）

不可吹斷的巨流

·序《江南詩旅》

當我執筆來爲《江南詩旅》，這本載負兩岸詩歌交流的小書寫序時，腦海中忽然湧起兩位難以忘懷的偉人——鄧小平與蔣經國，巨大的形象。

試想：大陸歷經文革十年浩劫之後，如果沒有鄧小平的再度出山；沒有黑貓白貓的辯證，沒有實踐是檢驗眞理的認知，沒有一九七八年十二月二十二日，中共十一屆三中全會改革開放政策的全面推行，那裡會有今天經濟欣欣向榮，人民生活大爲改善，全世界人民刮目相看的局面。

在台灣，如果蔣經國堅持一九七九年四月四日，爲兩岸關係定調的「不妥協、不接觸、不談判」的所謂三不政策；如果沒有一九八六年十月八日，在國民黨中常會上，大徹大悟地宣告：「時代在變，環境在變，潮流也在變……」；如果沒有之後解除戒嚴，開放黨禁報禁等一連串的民主改革；尤其如果沒有一九八七年十一月二日，開放大陸探親，開啓兩岸交流的大門，也很難想像今天兩岸之間會是怎樣的局面。

我們雖然反對封建專制和極端個人崇拜造成的獨裁，但我們也決不否認領袖人物在革命行列或改革開放的建設中，具有決定性的影響力。鄧、蔣兩位領袖之所以受到兩岸人民的愛戴和尊敬，非僅因爲他們均將最後的生命智慧，獻身於經濟建設的大業；更重要的是，他們共同伸手打破了兩岸數十年的仇視和對峙，以新觀念、新思維，爲中華民族的未來，指引了努力的方向。

回憶自上個世紀八十年代後期，兩岸正式啓動和平交流以來，一向愛國敏感的詩人，便紛紛躍身投入這個時代的潮流，先是以個人方式，回鄉探親，與詩友接觸，建立友誼；接著便有相互組團訪問，展開大型的交流。就台灣的詩社而言，自一九八八年三月，《葡萄園》詩刊一〇一期，開始刊出《大陸詩選三十家》之後，其他各詩刊也先後跟進，開啓衆多大陸詩人詩評家在台灣各詩刊發表創作評論的新頁。

爲促進兩岸詩歌文化交流，一九九四年，由《葡萄園》、《秋水》、《大海洋》、《海鷗》等幾個詩社的成員及其他志趣相投的詩友，組成中國詩歌藝術學會，除組織十人左右的編輯委員會，每年自兩岸三地各報刊挑選優秀作品，出版《中國詩歌選》，至二〇〇二年，已出版八巨册之外，並於九七至九九年，先由《葡萄園》開端，再由詩歌學會踵其後，連續三年，舉行「面向廿一世紀九七華文詩歌學術研討會」、「兩岸詩刊學術研討會」、「兩岸女性詩歌學術研討會」，邀請兩岸及海外詩人共襄盛舉。中國作家協會也先後派出兩個由高洪波和屠岸先生率領，有二十九位男女詩人作家的代表團，來台北與會，受到熱烈的歡迎。

在組團訪問大陸方面，自九三年起，由《葡萄園》或詩歌學會主導組團，至二〇〇二年，已有四個團五十多人次。參訪的地區，有北京、瀋陽、哈爾濱、石家莊、鄭州、開封、洛陽、西安、蘭州、敦煌、酒泉、成都、重慶、貴陽、武漢、上海、杭州等。所到之處，盡是山河、友情、詩歌的饗宴。

近年台灣綠色執政，「去中國化」的聲浪高漲，試圖切斷中華文化的臍帶，阻滯兩岸正常交流的進展。惟深植人心的中華文化，如長江黃河的巨流，不是任何口水泡沫可以吹斷的。我們相信：以中華兒女的聰明智慧，兩岸之間的紛爭，假以時日，終有和平解決的一天。

二〇〇三年八月中旬，我們接奉金華詩會的邀請，即組成十人代表團，出席金華詩會外，並將赴浙閩各地，作友情拜會。爲此，我們繼九三年《詩歌之旅》，九五年《九歌行》，二〇〇〇年《九州行》之後，由本次出訪的詩人王祿松、金筑、秦嶽、晶晶、李政乃、陳錦標、賴益成，文曉村等八位詩人，各選若干作品，請秦嶽兄用最快的速度，編一册詩選，定名爲《江南詩旅》。又承各詩友美意，邀我妻邱淑嫦，提供部份攝影作品，聊作附展，共襄盛舉。因時間忽忙，疏漏不週難免，敬請各位方家，多賜批評指教。謝謝。

二〇〇三年九月二十日台灣中和市文廬

2003 年 10 月 21 日，作者（左）出席浙江金華第九屆國際華文詩人筆會，並代鍾鼎文大老領大會致贈之「中國當代詩魂金獎」。右爲浙江大學教授駱寒超。

卷三　附錄

1995 年 9 月文曉村（中立者）等參觀洛陽千唐志齋博物館，在鐵門鎮巧遇 52 年前母校新安縣城關小學校友合影。

抽絲剝繭話從頭

——《葡萄園》創刊卅五周年詩會回顧

五年半之前，亦即一九九二年七月十五日，我在本刊〈三十歲生日獻詞〉的結語中，曾經說過：「作爲一份有遠見的詩刊，如何更好地促進兩岸文學交流，如何促進兩岸詩人作家的相互訪問，研究討論，提高詩的藝術水準，進而重振中華文化，促進全民幸福，應該也是我們不可推卸的責任。三十歲的《葡萄園》，願繼續伸出誠摯的手，與兩岸詩人朋友，經之營之，以期成功。」

爲此，本刊曾經於一九九三年八月及九五年九月，兩次組團（第二次是與中國詩歌藝術學會合組《九歌行》訪問團），各以一個月的時間，從東北的哈爾濱，到西南的貴陽，訪問了以北京爲中心的大陸十多個省市，與各地文藝社團、詩刊、大學及學術單位，舉行了二十多場各種形式的座談、演講、朗誦、交流，各方反應熱烈，令人振奮。

去（一九九七）年七月十五日，是本刊卅五歲的生日，展望未來，也是二十一世紀即將到來的前夕，如何繼續促進兩岸文化、文學交流，號稱走在時代前端的詩人，不能沒有跨越世紀的前瞻性思考。爲此，我們除了決定出版《葡萄園目錄》、《葡萄園詩論》、《葡萄園小詩》三部專書，表示慶祝之外，舉行一項回顧過去，展望未來的「面向二十一世紀九七華文詩歌學術研討會」，便成我們努力實踐的目標。

爲了確切安排這項詩會，我們首先在一九九六年九月，對大陸及海外數十位詩人學者進行了意願調查。九七年一月正式發出邀請，至三月底止，大陸詩人學者有三十三人，香港及海外十人，決定來台出席會議。由於大陸人士來台需經兩岸政府特別批准，辦理申請手續頗爲複雜、困難。四月初，我們將大陸三十三人的申請案件送請主管機關審查。我們原以爲三十三人中可能會有一部份被刪除，沒想到一個月後，三十三人全部審查通過，在半年之內，隨時可以來台與會。這個結果，很令人鼓舞。衡量大陸方面，申辦出入境手續，約需一個多月，原定七月下旬的會期，估計應該沒有什麼問題。

但天下事，常有不如人意者，六月上旬，北京友人函電相告，國務院已在媒體上正式宣布：因七月一日香港回歸，爲了安全，在七月一日前後的一個月內，大陸人民去香港要嚴格審查。換句話說，大陸朋友七月下旬經香港來台，可能會有困難。我們當機立斷，將會期延後一個月，改在八月下旬舉行。

七月上旬，意外地，大陸方面傳來，有關單位認爲「面向二十一世紀九七華文詩歌學術研討會」具有「國際會議」性質，與大陸人民不得來台出席國際會議的政策抵觸。我覺得這是兩岸接觸不夠，認知上的誤解，如果能夠面對面地加以溝通，問題應可迎刃而解。

於是，去年七月十日，我帶著嚴重的氣管病，隻身飛往北京，先後和社科院文學研究所研究員古繼堂、劉士傑，人民出版社編審莫文征，《詩刊》社主編楊子敏，副主編丁國成，編輯主任朱先樹、李小雨等交換意見；並拜訪了中國作家協會榮譽顧問朱子奇，前文化部長著名詩人賀敬之等，從事各種管道的疏通。但因主管單位的負責人都在北戴河渡假、開會，問題尚未解決。直到七月十八日，和文化部張品處長通了一次坦誠的電話，所有的誤解，都得到了澄清。張處長承諾，可由中國作家協會組成十五人的訪問團來台與會。但在手續上需要立項、審批的過程，八月份開會，時間上恐怕來不及。我答應會期可延到十月底。

得到文化部承諾後，我原想在北京多待幾天，等中國作家協會的領導回北京之後，當面作出結論再回台灣，但咳嗽難過，即於二十日匆匆飛回台北。

七月二十一日去醫院求診，一位年輕的醫師告訴我：「你的心臟功能已經萎縮到百分之四十一，必須立刻住院治療。」爲了將家事和詩社的工作作一交代，我延至七月二十三日才去住院。經心臟科權威醫師姜必寧大夫診察之後，他告訴我：肺部積水、肝腫大，都是心臟病發的結果。立即將我送進加護病房，進行密集治療。護士小姐再三叮嚀，千萬不要隨便下床，好像一不小心，跌個跤，就會嗚呼哀哉。

所幸，在加護病房住了四天，病情即已好轉，轉入普通病房數天後，即平安出院。

出院後，我立即買了一台傳眞機，通過傳眞電話，和北京中國作協外聯部函電連絡，得知大陸已確定組成十二人的訪問團，準時來台出席詩會。香港海外，也有十二人前來。我們即加緊作業，一面趕印論文，一面安排兩天四場十三篇論文的主持人和講評人，以及參觀故宮博物院，遊覽日月潭、阿里山、澄清湖等地的交通、食宿問題。

十月十五日，當我們將三百份請柬寄出之後，便滿懷喜悅地期待著一個跨世紀詩會的來臨。但大陸方面對本社具名邀請的請柬中，「主辦單位」並列有「行政院文化建設委員會」和「葡萄園詩刊社」，提出了「官方主辦」的質疑。殊不知這是我們對於提供經費支持的主管單位的尊重之意，眞正的主辦單位還是「葡萄園詩刊社」。經過再三解釋之後，對方表示可以理解，但仍有相當的疑慮，以致在十月卅一日開會的前三天，大陸方面來電，還是取消了來台的行程。好在香港及海外的詩人，均能如約與會。籌備經年的詩會，依然於十月卅一日及十一月一日如期舉行。對幾位不能出席但有論文發表者，我們立刻決定，由本社幾位女性編委，以代打的方式，臨陣受命，宣讀論文。令人欣慰的是，台灣的詩人作家朋友，不但出席踴躍，討論發言也十分熱烈，咸認是相當成功的詩會。

兩岸交流，是大勢所趨，必須要走的一條路。但願兩岸領導和人民，都能深切反省，吸取經驗，繼續努力，一步一步走下去。

一九九八年二月十日《葡萄園》詩刊一三七期

兩岸詩歌文化交流大事記

（一九八七年十一月至二〇〇五年六月）

一九八七年：

・十一月二十七日，文曉村在台北《大華晚報》讀書人專刊，發表〈從《剪成碧玉葉層層》到《柔美的愛情》〉，評介古繼堂著《柔美的愛情》，是其第一次在台灣公開評論大陸作家的著作。

一九八八年：

・三月十五日，文曉村選編〈大陸詩選三十家〉，在《葡萄園》詩刊一〇一期，刊出大陸詩人艾青、魯藜、雁翼、邵燕祥、丁芒、沙白、孫靜軒、阿紅、流沙河、木斧、柯原、劉湛秋、寧宇、林希、曉凡、孫友田、程嵐、董耀章、閔人、莫少雲、楊牧、曉剛、于宗信、蔣維揚、徐敬亞、阿櫓、李發模、舒婷、王小妮、阿拉坦托婭等三十人的詩歌，並附以〈大陸詩選三十家評介〉、〈大陸詩選小檔案〉二文相呼應。這是兩岸冰凍三十九年之後，台灣詩刊首開刊發大陸詩人作品的先聲。六月，《葡萄園》詩刊一〇二期，文曉村發表〈一個撫摩著自己脊梁的詩人・評《徐剛九行抒情詩》〉。七月二十四日《台灣新聞報》西子灣副刊轉載。

・七月底，文曉村回河南偃師老家探親，跪祭父母。

・八月初，由四第立四，姪女惠娟陪同，赴北京遊覽數日，會見大陸詩人雁翼、鄒荻帆、畢朔望、邵燕祥、徐剛、曉剛、劉湛秋，詩評家古繼堂等，初次交流。

一九八九年：

・二月，《葡萄園》詩刊一〇四期，文曉村發表〈輕舟已過萬重山・簡介湖南版《當代台灣詩萃》〉。

（本文採客觀敍述：主詞均爲作者文曉村，除非必要，以下名字均省略）

・四月，接受老友耿殿棟所託，爲山東女詩人耿慶雲編輯，由香港天馬出版公司出版《心靈的歌》，並寫序〈愛是永不止息的歌聲〉。

・五月十二、十五日，《台灣新聞報》西子灣副刊，發表《江左小范新公案。讀徐剛著《范曾傳》》。稍後，台北《中國詩書畫》雜誌，以〈大陸十大畫家之一——范曾・讀徐剛著《范曾傳》〉重刊。

・七月十六日，《台灣新聞報》副刊、發表〈遠近高低看兩岸詩選〉，評北京謝冕、楊匡漢主編《中國新詩萃》。

·本年初，接北京詩評家古繼堂，寄來他的新著《台灣新詩發展史》影印稿，希望推荐在台灣出版。經與台北文史哲出版社負責人彭正雄先生商談，建議作若干修訂，徵得古氏同意後，於七月初，正式在台北出版。該書經一年半積壓後，亦於五月份，由北京人民文學出版社出版。八月二十九、三十日，在《台灣新聞報》副刊，發表〈找尋台灣新詩的座標·評古繼堂《台灣新詩發展史》〉，向讀者介紹。

·八月，赴北京遊覽六天，拜訪《詩刊》社主編楊子敏及其編輯群朱先樹、王燕生、曉剛、李小雨、丁國成等。也會見了艾青、高瑛夫婦，和詩人賀敬之、鄒荻帆、卞之琳、莫文征、晏明、紀鵬，作家唐韜、袁可嘉、白少帆、楊匡漢、孟偉哉等。

一九九〇年：

·二月，爲艾青編選《黎明的通知——艾青詩選》，並寫〈艾青先生訪問記〉爲代序，由台北漢藝色研出版公司出版。

一九九一年：

·一月，《葡萄園》詩刊一〇九期，《世界華文詩刊》第二期，發表〈讀艾青的〈牆〉·兼賀德國完成和平統一〉。

·七月，《葡萄園》詩刊一一一期，發表〈從〈ORANGE〉到〈光的讚歌〉·試論艾青作品雄健詩風之形成〉。八月，應邀赴北京出席「艾青作品國際研討會」，該文在分組會議中宣讀。會議期間，與詩人魯藜、吳奔星、賀敬之、柯藍、公木、楊子敏、曉雪、雁翼、古繼堂、古遠清、楊光治等會晤。

一九九二年：

• 爲大陸詩人雁翼編選《花之戀》情詩選，由文史哲出版後，一月二十二、二十三日，《台灣新聞報》副刊，發表〈花與神·略論雁雁的情詩〉，介紹其詩選。

• 九月，主編《葡萄園三十周年詩選》，由文史哲出版。書內「大陸之卷」，收大陸詩人八十四家，作品一一九首。並以〈放眼九十年代，談兩岸詩人的道路〉，著眼兩岸詩歌文化交流。

一九九三年：

• 二月，自台北市龍山國中退休。開始籌組「葡萄園詩社大陸訪問團」，除葡社同仁文曉村、金筑、晶晶、白靈、台客、張朗、劉菲等七人外，社外詩友李春生、林玲、秦嶽、路衛、楊平，也應邀參加。出發前，合作出版十二人的詩選《詩歌之旅》，撰寫序文。

• 八月十五日，分別飛抵北京，停留五天。明秋水也在北京相會。先後拜訪《詩刊》社，社科院文學研究所，舉行座談交流，出席中國現代文學館舉辦之「兩岸詩人詩歌朗誦會」。拜訪老詩人冰心女士。會見的各界詩人作家，有楊子敏、楊金亭、丁國成、朱先樹、李小雨、龍漢山、雷霆、梅紹靜、孟繁林、古繼堂、楊匡漢、劉士傑、王善忠、錢光培、張同吾、徐亢、魯藜、未凡、汪國眞、王恩宇、任效釗、何首烏等。參觀琉璃廠文化街買書，欣賞「老舍茶館」的民間藝術表現。

• 二十日晚，自北京飛抵西安。次日參觀兵馬甬，出席「兩岸詩人聯誼會」。與當地詩人作家陳忠實、聞頻、沙靈、劉建勛、馮福寬、沈奇、田惠剛、宋聰敏、穆濤、朱文傑、丁劍、張長安、商子秦、馬懷白、渭水、第五建平、柳琴、艾路、伊沙、李震、南嫫、孫海濤等數十人會晤。

• 二十二日下午抵洛陽。次日，與市文聯主席姜晉京，《牡丹》主編李有剛、詩人趙跟喜、李霞、殷皓，市委秘書長張書田等會晤。並與偃師老家四房弟妹等小聚。

• 二十四日，參觀龍門石窟，遊覽白園。深夜，抵開封河南大學。

• 二十五日，出席河大中文系座談會，張俊山教授主編，河南旅台詩人詩選集《遠天的星群》首發式，與開封市文聯座談交流。

• 二十六日，遊覽相國寺、龍亭、翰園碑林。與河大副校長田繼善、系主任劉增傑，詩人作家蘇文魁、王懷讓、董全林、趙國棟、李懷苑、洋中冰、丁子等初識。

• 二十七日，抵鄭州大學，停留三天。出席市文聯《百花園》，省文聯《莽原》社，兩場座談會交流。出席鄭大中文系師生五百人的詩歌朗誦會。與鄭大副校長張桁、系主任高文升，省市詩人作家劉清惠、王綏青、申愛萍、王懷讓、李鐵城、易殿選、陸健、邢可、王中朝、喬仁卯、張愛圖、祖松臣、丁一、禹化興、張先華等會晤。拜訪老詩人蘇金傘。

·三十日晨，抵達武漢華中師大，停留三日。與華中師大、中國當代新文學學會、武漢大學、武漢晚報舉行三次座談。先後與各校學者作家邱紫華、張永健、普麗華、宋淑蕙、王常新、李進才、陸耀樂、白巔岐、張厚明、黎山嶢、賀捷、葉聖華、陳美玉、王先霈、樊星等會晤。

·九月一日晚，自武漢搭「江漢51號」輪船西行。三日過葛洲壩，入長江三峽，經巴東、巫山、奉節、酆都、涪陵，至五日夜，抵達重慶西南師大中國新詩研究所。六日，出席「九三華文詩歌國際研討會」。七日，參觀大足石窟。八日，在大會發表〈氣象萬千爭輝映——談兩岸詩歌交流大勢〉。會議期間，與詩研所所長呂進教授，各地詩人作家相識的，有吳開晉、吳歡章、弘征、阿紅、楊山、葉延濱、桑恆昌、楊際嵐、梁如雲、曉雪、潘頌德、袁中岳、張亞昕、趙國泰、毛翰、蔣登科、楊礦等。

·十日，抵達貴陽。十一日，與省文聯《山花》，市文聯《花溪》社，舉行座談交流。與省市詩人作家胡維漢、羅紹書、羅馬、朱吉成、張勁、徐成淼、騫先艾、何銳、廖公弦、趙西林、梅翁、西籬等會晤。十二日，遊覽黃果樹瀑布。

·十三日，抵香港。與詩人藍海文、丁平、傅天虹，在香港講學的評論家古遠清等聚晤。

·十五日，安返台北，結束爲期一個月的詩歌之旅。

一九九四年：

本年，台灣詩壇有兩件事，值得記述：

·其一、由文曉村、王幻、王祿松、李春生、林紹梅、金筑、麥穗、張香華等發起，經年餘籌備，編輯的一份新的年度詩選——《中國詩歌選》一九九四年版，七月，由台北漢藝色研文化出版公司出版發行。在全書入選的八十位詩人中，大陸雖然只有十六位，但因編委會對促進兩岸詩歌交流非常重視，此後，大陸入選的詩人及作品，逐年增加。至一九九六年版，將選稿原則擴展到大陸及海外各大詩刊詩報後，在全書入選一二〇人，詩作一四七首中，台灣卷佔五十人六十九首，大陸卷五十八人六十二首，海外卷十二人十六首，兩岸入選的詩人及作品數量，已不分軒輊。可惜，至二〇〇二年版出版後，因後繼乏人，已經停刊。惟在兩岸詩歌交流中，有其不可磨滅的貢獻。

·其二、爲了在兩岸詩歌交流中，避免對岸對於台灣的「中華民國新詩學會」名稱的敏感，《中國詩歌選》編委會同仁，經詳細討論後，決定邀請台灣志趣相投的詩人，另行組織一個比較中性的「中國詩歌藝術學會」。經七個月的籌備，於十月二十五日，在台北市羅斯福大樓文協會議廳，舉行成立大會及第一屆第一次會員大會，選出文曉村、王祿松、涂靜怡、王家文（王幻）、秦貴修（秦嶽）、謝炯（金筑）、賴益成、楊華康（麥穗）、廖振卿（台客）、林煥彰、莊雲惠、李春生、曾美霞、汪洋萍、周伯乃、王志濂（瘦雲王牌）、林錫嘉等十七人爲理事；林紹梅、劉建化、劉自亮（晶晶）、陳錦標、余淑姫等五人爲監事。十月三十一日，舉行第一次理、監事會議，選出文曉村、涂靜怡、王祿松、王家文、秦貴修等五人爲常務理事，劉自亮爲常務監事。文曉村、涂靜怡分別當選爲理事長、副理事長。並聘楊華康、賴益成擔任秘書長及副秘書長。這個團體的成立，不但每年一度舉辦詩歌藝術獎活動，更爲之後一連串兩岸詩歌交流，建立了一個嶄新的平台。

• 本年推荐湖北詩人徐煥雲的童詩，在台北《國語日報》連載發表，並結集出版童詩集《月亮的歌》，爲之題序《月亮是一個可愛的千面人》。

一九九五年：

• 爲彌補九四年八月，在台北舉行的第十五屆詩人大會，大陸詩人未能與會的缺憾，本年六、七月份，詩人雁翼、黎煥頤，詩論家王常新、古繼堂、胡時珍夫婦，均以私人身份來台參訪成行。文曉村、王祿松、王幻、王牌、麥穗、金筑、宋后穎、劉建化、晶晶、台客、賴益成等，多次設宴歡迎。潘陽《詩潮》社劉文玉、羅繼然、李秀珊三人訪問團來台，亦曾予以接待。

• 九月十一日，與王幻、秦嶽、麥穗、金筑、劉建化、宋后穎、台客、賴益成等九人，組「中國詩歌藝術學會與葡萄園詩刊聯合訪問團」，因九人合出《九歌行》詩選，而簡稱「九歌行訪問團」，赴大陸作爲期一個月的詩歌訪問。先後訪問了哈爾濱市文聯、《詩林》詩刊，遼寧省及瀋陽市文聯、作協、新詩學會、《詩潮》詩刊，北京中社院文學所、北京大學，河北省文聯、作協、《詩神》詩刊，鄭州大學、《DISCOVRY》詩刊，洛陽市文聯、《牡丹》雜誌社、千唐志齋博物館，上海市作協、《文學報》，杭州市作協等單位，舉行十多場座談交流，參觀各地名勝。與各省市詩人作家學者，如哈爾濱的蔣巍、尚一、巴彥布、范震飆、滿銳、聶振邦、劉暢園、李五泉、嚴炎、丹妮、潘虹莉……，瀋陽的牟心海、劉文玉、阿紅、羅繼仁、李秀珊、陳巨昌、鐵岩、么喜龍……，北京的張炯、謝冕、蔣明朗、計璧瑞、江楓、牛漢、丁慨然、王昆、綠風、白心、李博生、米斗、朱悅華、夏青、東方荷……，石家莊的浪波、堯山璧、旭宇、郁蔥、劉松林、陸地、申身、劉章、高彥君……，鄭州的曹策問、劉家驥、何均地、毛德富、單占生、樊洛平、常月華、田桑、楊吉哲、南北……，洛陽的藝辛、張文欣、韓曉玲、董曉文……，上海的儲大泓、酈國儀、陸行良、黎煥頤、羅洛、潘頌憲、葛乃福、朱金晨、宮璽、姜金城、冰夫、寧宇、張燁、陸萍……，杭州的孫銀標、薛家柱、胡豐傳、董校昌、董培倫、崔汝先、明秋水、沙克、丁惠敏、盧文麗等近二百人，建立友誼。

• 九月，《文曉村詩選》，由北京團結出版社出版。同時出版詩集的尚有王祿松、麥穗、李春生、秦嶽等。

•自本年起，每年以人民幣五千元，在鄭州大學設立「文曉村新詩創作獎」，鼓勵故鄉青年學子從事詩歌創作。

一九九六年：

•華中師範大學教授王常新的學術論著《文學評論發凡》，經介紹推荐，本年一月，由台北文史哲出版社出版發行，並請王更生教授寫序。

•六月，因《中國詩歌選》一九九六年版，在兩岸詩歌交流上開啓一項新頁，特以後記方式，寫〈向前跨出這一步〉，並在《葡萄園》詩刊一三一期發表。

•九月十二日，與李春生、秦嶽結伴，出席鄭州大學第二屆文曉村新詩創作獎頒獎典禮。會後，回河南偃師老家探親。與洛陽詩友喬仁卯、唐燕生、李霞、王景春、董曉文等會晤，參觀洛陽古墓博物館，至偃師杜樓村，謁詩聖杜甫墓。稍後，又去北京，與《詩刊》社諸友相晤。

一九九七年：

•三月，繼王在軍之後，文曉村接《葡萄園》詩刊發行人兼社長。在籌備慶祝《葡萄園》創刊三十五周年的活動中，擬於七月份舉行「面向二十一世紀華文詩歌學術研討會」，因遭對岸誤解，七月十日，飛赴北京，與相關單位協商，獲得支持承諾。七月二十日返回台北，心臟病發，急送醫院救治，經名醫姜必寧大夫細心診治，十天後出院。經與北京相關部門函電交涉，最後決定，大陸受邀的詩人學者十二人將由中國作協組團來台與會。會議日期延至十月三十一日。雖然最終仍是事與願違，大陸來台訪問團未能成行，但大會仍然照常舉行。會中共發表十二篇論文。其中大陸詩人學者呂進、劉士傑、楊牧、向明、高文升、朱先樹、莫文征、張燁等八位的論文，邀請詩人藍雲、傅天虹，及葡萄園詩社女詩人晶晶、宋后穎、詩薇、曾美玲、王詔觀等在大會中代為宣讀。

一九九八年：

- 二月，應邀為湖北詩人劉松林詩集《醉舞星河》再版，題跋〈不盡長江滾滾來〉。
- 九月，以中國詩歌藝術學會理事長身份，在台北市和平東路台灣師大，主持「兩岸詩刊學術研討會」，發表論文〈大格局與多元思考〉。北京中國作協書記高洪波率團來台北與會。同時來台的有浪波、呂進、楊牧、楊匡漢、趙愷、查干、莫文征、朱先樹、陳紹偉、張燁等。其中，呂進、楊牧、楊匡漢、朱先樹、查干、趙愷、張燁、陳紹偉等八人發表了論文。會後，並到日月潭、中橫、花蓮參觀遊覽。

一九九九年：

- 一月，完成「兩岸女性詩歌學術研討會」全部議題後，辭謝中國詩歌藝術學會理事長，改任名譽理事長。二月，為劉建化詩集《詩瀾東洄》，撰序〈誰來擊鼓？誰來吶喊？〉。
- 七月，與王祿松共同主持「兩岸女性詩歌學術研討會」，合編《兩岸女性詩歌三十家》，寫跋〈端一席詩歌華宴〉。北京中國作協再次組團來台與會。學者男性有屠岸、呂進、楊光治、楊克；女性有趙遐秋、向前、樊洛平、李琦、傅天琳、李小雨、陸萍、梅卓、顧艷、薩仁圖婭、巴莫曲布嫫、娜夜等。趙遐秋、呂進、樊洛平、巴莫曲布嫫等人在大會中發表論文。會後，赴中南部阿里山、日月潭、九族文化村、高雄澄清湖、西子灣等地遊覽。

二〇〇〇年：

- 三月七日和二十一日，遼寧省盤錦香稻詩社王志敏、賈殿舉、魏書生，南京大學教授姜耕玉；廣州《華夏詩報》野曼（及夫人）、蔡宗周、劉丙辰、黃三泰、陳忠干、熊國華等來台訪問，葡萄園詩社文曉村、金筑、賴益成、台客、晶晶、文林等，兩度在台北設宴歡迎。
- 四月，《文曉村自傳·從河洛到台灣》，由台北詩藝文出版，二十三日，在台大校友會館舉行新書發表會，到會詩友八十多人。周煥武、王更生、秦嶽、晶晶、王祿松等作專題講評。
- 四月底，文曉村與夫人邱淑嫦，至山西侯馬市，主持孫兒延龍婚禮。五月初，回偃師老家探親，洛陽訪詩友。八日，至鄭州大學，出席鄭州大學第五屆文曉村新詩創作獎頒獎典禮，發表專題演講。曹策問校長，陳繼會院長，兩度設宴款待。劉家驥老教授，高文升、單占生、劉福智、樊洛平等相陪歡敘。
- 六月八日，中南財經大學五位教授劉思華、夏興園、林漢川、盧現祥、古遠清，及北京人民大學教授趙遐秋來台參訪。葡萄園詩社文曉村、金筑、台客、文林、筱華等，在台北設宴歡迎。

- 九月十至二十四日，應中國作協邀請，文曉村、王祿松、藍雲、劉建化、秦嶽、金筑、晶晶、李政乃、台客、詩薇、邱淑嫦、江樹鑾等，組「九州行訪問團」，去大陸參訪。中國作協派向前、張愛琪全程相陪。首站抵成都，遊都江堰、峨眉山、三星堆、樂山大佛，參觀杜甫草堂、覃子豪紀念館。四川省作協和《星星》詩刊設宴歡迎。出席有楊牧、宋玉鵬、王爾碑、白帆、木斧、孫靜軒、張新泉、劉濱、靳曉靜等。青年詩人文愛藝，自湖北專程來蓉會面。第二站到重慶，詩研所所長兼重慶市文聯主席呂進，主持兩次聚會，聘請客座教授證書給文曉村。重慶出版社長李敏書亦設宴歡迎。會見詩人梁上泉、楊山、陸棨、老譚、李剛、蔣登科、毛翰、李元勝、傅天琳、蒙和平等。
- 九月二十日到達北京。中國作協設宴歡迎座談，互贈紀念品。出席的有鄧友梅、金堅範、楊子敏、高洪波、曾慶瑞、趙遐秋、古繼堂、朱先樹、李小雨、張同吾、紀鵬、查干、莫文征、王恩宇等。石家莊浪波，哈爾濱李琦，朝陽薩仁圖婭等，亦遠道來會，友情可感。
- 二十四日，訪問團返回台北。

二〇〇一年：

- 六月，主編《中國詩歌選》二〇〇一年版出版，撰序〈與風雲詭變的時代抗衡〉。

二〇〇二年：

- 一月，文曉村自傳《從河洛到台灣》大陸簡體字版，由鄭州河南文藝出版社出版。
- 九月十五日，葡萄園詩社名譽社長文曉村夫婦，社長金筑夫婦，發行人賴益成，主編台客，組「葡萄園詩社大陸訪問團」，十六日在鄭州大學舉行葡萄園四十周年詩獎贈獎典禮及座談會，為得獎人劉福智教授致贈獎牌獎金。與會者有院長陳飛、副院長張鴻聲，老教授劉家驥，單占生、樊洛平等及研究生五十多人。十七日經西安，詩人王式儉、楊瑩及其先生接待。當晚飛抵敦煌。次日，參觀敦煌石窟，遊覽月牙泉、陽關古道，及陽關農場葡萄園。
- 十九日至酒泉，市文聯及《陽關》雜誌社董酒堂，詩人林染、林華等設宴歡敘。次日，參觀丁家閘壁畫墓，酒泉公園。
- 二十一日到達蘭州，停留兩天。甘肅省作協高平、楊文林、郭浚卿、女詩人娜夜等，分別設宴歡聚。與會的還有《飛天》雜誌社馬青山、何來、柏原、李雲鵬等，相談十分愉快。並抽空遊覽白塔山蘭州碑林館、黃河母親像等名勝。
- 二十三日夜，飛抵重慶。次日上午，在西南師大中國新詩研究所，舉行葡萄園四十周年詩獎贈獎典禮，得獎者為：特別評論獎呂進，評論獎馬立鞭，創作獎毛翰、李雲楓。毛翰、李雲楓二人分別自福建、北京趕來，誠意可感。下午，文曉村為研究生作專題報告，講題是〈台灣詩壇五十年略述〉。

•二十五日上午，訪問團分兩組，分別與重慶市文聯、市作協舉行座談交流。下午，出席市文史館座談。二十六日，返回台北，結束十二天的訪問。

二〇〇三年：

•八月，《葡萄園》詩刊一五九期，發表〈讀《深秋有如初春》的聯想〉，評大陸詩人翻譯家屠岸詩集。南京《開卷》雜誌，十一月轉載。

•十月，應犁青、張詩劍、野曼主導之國際華文詩人筆會邀請，文曉村、王祿松、金筑、晶晶、李政乃、秦嶽、陳錦標、賴益成、邱淑嫦、江樹鑾等組團，出版《江南詩旅》，十七日飛抵杭州，轉往金華。十八日，出席第九屆國際華文詩人筆會。在大會中，文曉村代鍾鼎文老師接受「中國當代詩魂金獎」。因金華為詩人艾青的故鄉，在次日的研討會中，特將論文〈從〈ORANGE〉到〈光的讚歌〉——試論艾青作品雄健詩風之形成〉抽印四十份，分贈與會詩友。老友屠岸、莫文征、高瑛、李小雨、陸萍、張燁、傅天琳、古遠清、薩仁圖婭等，異地重逢，倍感親切。期間，曾參觀艾青故居、艾青紀念館，並在艾青文化公園植樹留念。

•會後，又以「江南詩旅訪問團」名義，赴杭州、福州、廈門三地訪問。二十三、二十四日，與浙江省作協，福建省文聯、作協、《台港文學選刊》，舉行兩場座談會。與杭州黃仁柯、張廷竹、薛家柱、孫銀標、董培倫、崔汝先、顧艷、胡豐傳、丁惠敏、盧文麗，福州季仲、蔡其矯、楊際嵐、宋瑜、劉登翰、郭平、伊路、抒心等相會。

• 二十七至二十九日，訪問廈門。市文聯主席毛振亞，副主席陳元麟，分別設宴歡迎，市作協主席陳慧瑛抱病出席宴會，深情厚誼，令人銘感。在廈門曾參觀集美陳嘉庚紀念館，廈門大學，遊覽鼓浪嶼。在漳州華僑大學任教的毛翰，亦來相陪二日。

二○○四年：

• 五月，《葡萄園》詩刊一六二期，發表〈金沙，燦爛的陽光‧讀成幼殊詩集《幸存的一粟》〉。

• 十月，南京《揚子江》詩刊，發表〈懷念詩人吳奔星教授‧兼談吳奔星詩歌藝術的相對論〉。九月二十日，文曉村與金筑、秦嶽、邱淑嫦，應邀出席重慶西南師大中國新詩研究所主辦之「首屆華文詩學名家國際論壇」大會，在開幕式中，文曉村發表〈五十年來台灣詩風的演變〉。會議期間，與呂進、蔣登科、向天淵、梁笑梅、陸正蘭、譚朝春、楊礦等教授詩人，研究生任毅、陳志平、劉麗娜、宋星、郭芙秀等，有短暫交談。國內各地與會的老友朱先樹、牟心海、高平、陸耀東、董曼君、古遠清、鄒建軍、駱寒超、董培倫、鄒岳漢，以及韓國許世旭，美國非馬，日本田原，澳州何與懷，新加坡方然等會面。會後，二十三日下午，飛抵鄭州。在鄭州大學小住三日。出席文學院研究生座談會。張鴻聲院長，許志遠副院長、樊洛平教授，三次設宴款待。老教授劉家驥，外調的單占生教授，均趕來相會，劉福智連日相陪，盛情難忘。其間，曾抽半日時間，回偃師老家探望。

• 二十六日下午，飛抵青島，市文聯主席詩人紀宇接待，並介紹到青島大學訪問座談。馮國榮教授晚宴招待。在座有欒記曾、曹安娜、韓嘉川、魯原、柳士同、何敬君、方舟等。

• 三十日，去威海市訪問，停留四日。詩人作家藝術家王天國、曹靜輝、張建輝、楊珂、袁學強、史懷寶、唐燎原等，分別宴請，出席交流，熱情令人感動。

• 十月四日，折返青島。五日，經香港飛回台北。

• 十二月，安徽師範大學研究員楊四平，爲作者所寫之評傳《一尊木訥的靈魂．九論詩人文曉村》，由台北詩藝文出版社出版。

二〇〇五年：

• 一月，重慶《中外詩歌研究》；二月，《葡萄園》詩刊一六五期，發表〈守住夢想的翅膀・評《呂進短詩選》〉。

• 六月，北京《稻香湖》詩刊主編，老詩人艾砂與夫人馬乙亞伉儷，出版第四本詩集《凹凸情》作者，應邀題詩〈變妝的康乃馨〉，爲十八年詩歌文化交流，暫時畫下一個美麗的句點。

後記

我在本書編輯定稿，寫過〈詩人是歌鳥，沒有沉默的權利〉序文之後，心想，該說的想說的都已經說了，應該不必再寫什麼〈後記〉了。但在溽暑七月，揮汗校稿，尤其最後又增編一輯〈兩岸詩蹤集萃〉的彩照之後，竟然思潮奔湧，而有不能已於言也的衝動，而不能不寫這篇不吐不快的〈後記〉，實在是意外。

先說校對。出過書的朋友們都承認，校對是一件非常乏味的苦事。但我在這次校對的過程中，卻有啄木鳥抓到蟲子的快樂。例如，在校對〈五十年來台灣詩風的演變〉文內，鍾鼎文老師的〈夏夜——懷李白〉有句：「一時為我　滿頭銀白／似霜非霜　似雪非雪」，直覺地感到那個「為」字有問題，查對出處，得不到結果，最後撥電話請教鍾老師，找出原稿查對，才確定那個「為」字是「如」字之誤時，頗有如獲至寶，一字千金的喜悅。

校稿也是一種精細的閱讀，在閱讀的過程中，雖然每一篇文字，都是舊作的重現，但往往也有回味無窮，甚至觸發更多聯想的快樂。例如，讀到〈從〈ORANGE〉到〈光的讚歌〉•試論艾青雄健詩風之形成〉，便不禁立即想到一九八九年北京豐收胡同初次拜訪艾青、高瑛夫婦的場景；因獲艾青先生贈書，受權爲其編選《艾青詩選》，次年在台北漢藝色研出版；九一年八月去北京出席「艾青作品國際研討會」之前，又陪鍾鼎文老師，重進豐收胡同艾宅，看兩位老人握手、擁抱、暢談抗戰期間，在《廣西日報》辦報寫詩的種種往事；九六年五月五日，驚聞艾老過世，我在《葡萄園》一三〇期，發表追悼文〈艾青，他已飛向太陽〉，一幕幕的鏡頭重現眼前。

再如，讀到〈讀屠岸《深秋有如初春》的聯想〉時，便不能不想到一九九九年七月，屠老率領一大票女詩人，來台北出席「兩岸女性詩歌學術研討會，他在開幕式致詞時，背誦英國詩人濟慈作品的風采，會後遊阿里山雨中漫步，高雄小港機場擁別，以及之後六年來一連串書信文字的往來，其中包括他爲我的自傳《從河洛到台灣》所寫的一篇書信體的評論；後來，他介紹老報人成舍我的女公子，現在已是八十高齡女詩人成幼殊的詩選集《幸存的一粟》給我，因深受感動，而寫了一篇〈金沙，燦爛的陽光〉（見本書評論卷）；去年六月，收到他的大著《詩論‧文論‧劇論》，又引發我寫出〈讀屠岸《詩論》散記〉的感應。這些文字，不只是充滿友誼的深情，也是兩岸詩歌文化交流中，有必要，有意義，值得一讀的文章。相信，我說這話，沒有半點的吹噓。對我而言，其他各篇文字，不論是評論或序跋，莫不有此類似的感想。

在校對過程中，因彭正雄兄的慨然允諾，臨時增加的一輯彩色照片，不僅爲十八年來，兩岸詩歌文化交流的歷史，留下了珍貴的華彩，讓兩岸所有曾經參與的詩人作家朋友，可以重回往昔的場景，享受回憶的喜悅；即使不曾涉足這些故事的讀者，從這幾十幅照片中，也能有其梗概的瞭解，分享其中的樂趣。

關於照片的選擇，實在也是煞苦心。因爲早期的照片，或因已經褪色，或因技巧不夠，效果欠佳，不能不忍痛割愛，造成缺失，而不無遺憾。爲了彌補缺失，採取了兩種措施：一是向老友金筑兄借用，一是從我的兩本自傳中翻拍。九七年之後，因爲喜歡攝影的淑婣，先是在台北實際參與了大陸來台參訪詩友的接待，二〇〇〇年起，幾次組團訪問大陸各地的行程，她也成了幸運的一員，不但拍了許多她個人喜愛的山水風景，甚至花花草草，也爲訪問團留下了許多珍貴的鏡頭。本書晚近八年的照片，都是她的作品，謝謝她。

當然，有時候，也免不了意外的遺憾。例如二〇〇〇年九月，我們應中國作家協會邀請，組九州行訪問團，十四天的行程，從成都都江堰、峨眉山金頂、杜甫草堂、樂山大佛、重慶西南師大，經三峽、宜昌，到北京，登長城，遊故宮，處處都留有可觀的鏡頭。但在北京臨別前夕，中國作協所舉行的一項座談會中，不知是誰談起五十年前，文曉村在抗美援朝戰爭中所受的苦難，尤其在隱匿深山那一年，所過的非人生活，令人欷歔。坐在一旁的淑婣，竟感傷地滿臉流淚，以致情緒難控，而忘記了拍照，事後尋找照片，卻付之闕如。當詩薇告訴我這一段情節時，想到幾十年前的往事，招致我妻感傷，也只能報之以深深的感謝。

關於部份照片，安排在卷別，或某篇文字之後，以黑白揷圖呈現，固然是因彩色版頁的限制，實在也是爲了圖文的配合，或有某種象徵的意義。例如，將蘭州黃河母親雕像，置於〈與風雲詭變的時代相抗衡〉文後，便有其深遠的象徵意義，不必說明，讀者也不難有其自己的理解。

我們說過，兩岸詩歌文化交流，是一條必須要走的道路，是時代潮流，莫之能禦。我們所走過的這十八年詩歌文化的交流，雖然只是精衛塡海，微不足道，卻也是一項創造歷史的工程。朋友們，來！讓我們爲自己的努力乾一大白。

最後，也請允許我說一聲，謝謝文史哲出版社負責人彭正雄先生，接納這一本小書。三十多年來，他不但爲台灣文教和文壇，出版了兩千種以上的著作，成爲文化教育界和文學藝術界的好朋友，在兩岸文化文學交流中，也爲大陸的詩人作家出版過，包括北京古繼堂的《台灣新詩發展史》、《台灣小說發展史》，山東章亞昕的《心繫伊甸園——創世紀詩人論》，和老詩人雁翼的詩集《花之戀》等一百多種。在艱難的時代中，這種爲歷史文化的貢獻，值得大家給予尊敬的掌聲。

二〇〇五年七月七日抗戰勝利60周年前夕

08163 現代詩技藝透析	陳仲義著	平一	280.00	ISBN 957-549-540-3
08164 八秩述譯	黃文範著	平一	420.00	ISBN 957-549-547-0
08165 現代文學夢影拾零	傅光明著	平一	220.00	ISBN 957-549-560-8
08166 歐遊心影	鄭向恆著	平一	300.00	ISBN 957-549-573-X
08167 知更鳥的葬禮	蘇友貞著	平一	240.00	ISBN 957-549-579-9
08168 近仁隨筆續集	胡全木著	平一	240.00	ISBN 957-549-588-8
08169 錢能通神	姜龍昭著	平一	300.00	ISBN 957-549-593-4
08170 康莊瑣記	孫　康著	平一	320.00	ISBN 957-549-600-0
08171 詩海微瀾	台　客著	平一	350.00	ISBN 957-549-602-7
08172 美夢成真	王昭慶著	平一	300.00	ISBN 957-549-613-2
08173 輕舟已過萬重山	文曉村著	平一	300.00	ISBN 957-549-614-0
08174 王彬街拾零集	許少滄著	平一	440.00	ISBN 957-549-616-7
08175 岷灣浪嘯	許少滄著	平一	320.00	ISBN 957-549-617-5

08129	江南風文集	江南風著	平一	280.00	ISBN 957-549-384-2
08130	頤養天年	李煥明著	平一	280.00	ISBN 957-549-385-0
08131	青州奇俠	李曉丹著	平一	280.00	ISBN 957-549-386-9
08132	春在黃河	王 仙著	平一	180.00	ISBN 957-549-388-5
08133	想飛	郭心雲著	平一	200.00	ISBN 957-549-413-X
08134	金色遊蹤	張修蓉著	平一	280.00	ISBN 957-549-416-4
08135	東瀛風光	張慧琴著	平一	240.00	ISBN 957-549-433-4
08136	創作心靈的探索與透視	羅 門著	平一	380.00	ISBN 957-549-439-3
08137	全人類都在流浪	羅 門著	平一	180.00	ISBN 957-549-442-3
08138	心中有愛－修如文集	郭錦玲著	平一	320.00	ISBN 957-549-448-2
08139	南方的和弦	高雄市文藝學會編	平一	260.00	ISBN 957-549-445-8
08140	去年紅葉	畢 璞著	平一	200.00	ISBN 957-549-461-X
08141	月露風雲 散文集	賀志堅著	平一	240.00	ISBN 957-549-457-1
08142	金石語文 評論集	賀志堅著	平一	220.00	ISBN 957-549-458-X
08143	白雪陽春 新詩集	賀志堅著	平一	320.00	ISBN 957-549-460-1
08144	遊目騁懷 觀光集	賀志堅著	平一	220.00	ISBN 957-549-459-8
08146	野獸．野獸．野獸	卜寧（無名氏）著	平二	600.00	ISBN 957-549-477-6
08147	開花在星雲以外	卜寧（無名氏）著	平二	600.00	ISBN 957-549-478-4
08148	漩渦	梅 甘著	平一	240.00	ISBN 957-549-488-1
08149	人間亦自有桃源	黃金河著	平一	280.00	ISBN 957-549-490-3
08150	閑情記舊三集	魏彥才著	平一	320.00	ISBN 957-549-508-X
08151	龍變	辛 鬱著	平一	300.00	ISBN 957-549-515-2
08152	鏡子	辛 鬱著	平一	200.00	ISBN 957-549-516-0
08153	找鑰匙	辛 鬱著	平一	200.00	ISBN 957-549-517-9
08154	演出的我	辛 鬱著	平一	160.00	ISBN 957-549-518-7
08155	浮生掠影（我眼中的世界）	汪洋萍著	平一	260.00	ISBN 957-549-510-1
08156	一隻變與不變的金絲雀	碧 果著	平一	200.00	ISBN 957-549-520-9
08157	廣場	崔仁勳著	平一	350.00	ISBN 957-549-521-7
08158	幽蘭文集	洪仁玉著	平一	320.00	ISBN 957-549-523-3
08159	回祿殘存	姜龍昭著	平一	360.00	ISBN 957-549-526-8
08160	霧航：媽媽不要哭(全三冊)	馮 馮著	平三	1111.00	ISBN 957-549-531-4
08161	深耕《金瓶梅》逾卅年	魏子雲者	平一	320.00	ISBN 957-549-538-1
08162	康莊紀事	孫 康著	平一	320.00	ISBN 957-549-541-1

08095	旅痕 — 散文集	李　玉著	平一	200.00	ISBN 957-549-243-9
08096	萬里遊蹤	吳偉英著	平一	200.00	ISBN 957-549-248-X
08097	夢縈故鄉	吳偉英著	平一	360.00	ISBN 957-549-249-8
08098	閒話唐宋明	吳偉英著	平一	160.00	ISBN 957-549-250-1
08099	在詩中飛行：羅門詩選半世紀	羅　門著	平一	440.00	ISBN 957-549-256-0
08100	存在終極價值的追索	羅　門著	平一	200.00	ISBN 957-549-257-9
08101	當代名著欣賞	李宜涯著	平一	180.00	ISBN 957-549-258-7
08102	清懷詞稿。和蘇樂府	黃坤堯著	平一	200.00	ISBN 957-549-254-4
08103	皈依風皈衣松	蕭　蕭著	平一	200.00	ISBN 957-549-265-X
08104	追求和諧	唐先田著	平一	250.00	ISBN 957-549-264-1
08105	凝神	蕭　蕭著	平一	160.00	ISBN 957-549-284-6
08106	海艷（上、下）	無名氏著	平二	500.00	ISBN 957-549-288-1
08107	駕駛與人生	張培耕著	平一	240.00	ISBN 957-549-290-0
08108	伯元吟草	陳新雄著	平一	520.00	ISBN 957-549-294-3
08109	古虔文集	陳新雄著	平一	380.00	ISBN 957-549-295-1
08110	調音師	柯玉雪著	平一	180.00	ISBN 957-549-298-6
08111	驀然回首	呂玉虎著	平一	200.00	ISBN 957-549-299-4
08112	心靈世界的回響 —羅門詩作評論集	龍彼德等著	平一	360.00	ISBN 957-549-328-1
08113	全宋詩尋幽探微	墨　人著	平一	350.00	ISBN 957-549-332-X
08114	說戲	畢　果著	平一	180.00	ISBN 957-549-346-X
08115	採訪憶往	章　南著	平一	420.00	ISBN 957-549-330-3
08116	印證	江上秋著	平一	200.00	ISBN 957-549-349-4
08117	鋤惡草堂詩歌聯語自選集	吳復生著	平一	240.00	ISBN 957-549-350-8
08120	死的巖層	卜　寧著	平二	500.00	ISBN 957-549-356-7
08121	平凡文集	施清澤著	平一	250.00	ISBN 957-549-367-2
08122	時空流轉	匡若霞著	平一	200.00	ISBN 957-549-369-9
08123	長城根下下騎駱駝	鮑小暉著	平一	180.00	ISBN 957-549-370-2
08124	行萬里路	施青萍著	平一	220.00	ISBN 957-549-374-5
08125	鄉居散記	汪洋萍著	平一	180.00	ISBN 957-549-372-9
08126	友情交響	汪洋萍著	平一	150.00	ISBN 957-549-373-7
08127	近仁隨筆	胡全木著	平一	160.00	ISBN 957-549-376-1
08128	閑情記舊二集	魏彥才著	平一	280.00	ISBN 957-549-382-4

08062	愛的語碼	碧　果著	平一	200.00	ISBN 957-549-004-5
08063	星色的鴿哨	魏子雲著	平一	220.00	ISBN 957-549-015-0
08064	千金之旅	紀　絃著	平一	340.00	ISBN 957-549-032-0
08065	錦繡河山見聞	林漢仕著	平一	180.00	ISBN 957-549-038-X
08066	藍海文和他的新古典主義	汪義生著	平一	200.00	ISBN 957-549-045-2
08067	人文風景的鐫刻者 一葉維廉作品評論集	廖棟樑・周志煌編	平一	500.00	ISBN 957-549-104-1
08068	加州的夏日風情	沈定濤著	平一	200.00	ISBN 957-549-101-7
08069	幼愚隨筆	張　翊著	平一	240.00	ISBN 957-549-100-9
08070	抒情煙雲(上)	卜寧（無名氏）著	平一	300.00	ISBN 957-549-117-3
08071	抒情煙雲(下)	卜寧（無名氏）著	平一	300.00	ISBN 957-549-118-1
08072	疼惜秋扇	曾淑貞著	平一	250.00	ISBN 957-549-124-6
08074	彩色人生	唐潤鈿著	平一	200.00	ISBN 957-549-140-8
08075	北極風情話	卜寧（無名氏）著	平一	220.00	ISBN 957-549-156-4
08076	塔裡的女人	卜寧（無名氏）著	平一	160.00	ISBN 957-549-157-2
08077	寰宇遊蹤	胡全木著	平一	250.00	ISBN 957-549-159-9
08078	一朵盛開的曇花	趙文藝著	平一	220.00	ISBN 957-549-161-0
08079	閑情記舊	魏彥才著	平一	240.00	ISBN 957-549-168-8
08080	東橋說詩	劉榮生著	平一	300.00	ISBN 957-549-171-8
08081	菜根人生	呂大朋著	平一	200.00	ISBN 957-549-173-4
08082	幾何緣三角情	呂大朋著	平一	300.00	ISBN 957-549-174-2
08083	看你名字的繁卉：蓉子詩賞析	古遠清著	平一	200.00	ISBN 957-549-177-7
08084	心影片片	李威熊著	平一	200.00	ISBN 957-549-187-4
08085	心靈成長的喜悅	呂大朋著	平一	200.00	ISBN 957-549-189-0
08086	靈感與毒箭	柯玉雪著	平一	280.00	ISBN 957-549-188-8
08087	走過的歲月	李　玉著	平一	200.00	ISBN 957-549-191-2
08088	愛的旅程	曾淑貞著	平一	150.00	ISBN 957-549-196-3
08089	歷史的誤會	張　放著	平一	220.00	ISBN 957-549-212-9
08090	創世紀大菩提上下冊	卜寧（無名氏）著	平二	600.00	ISBN 957-549-239-0
08091	壽堂雜憶上下冊	朱介凡著	平二	600.00	ISBN 957-549-236-6
08092	追夜	周慶華著	平一	250.00	ISBN 957-549-238-2
08093	擁抱地球	徐世澤著	平一	260.00	ISBN 957-549-240-4
08094	伯元倚聲・和蘇樂府	陳新雄著	平一	340.00	ISBN 957-549-203-X

08031	消遙到處思鄉無	夏美馴著	平一	350.00	ISBN 957-547-006-0
08032	秋風乍起	張　放著	平一	320.00	ISBN 957-547-013-3
08033	紐約湖畔	李佩徵著	平一	140.00	ISBN 957-547-457-0
08034	湖畔隨筆	李佩徵著	平一	140.00	ISBN 957-547-458-9
08035	心似彩羽	莊雲惠著	平一	140.00	ISBN 957-547-021-4
08036	日月的雙軌	周偉民・唐玲玲著	平一	300.00	ISBN 957-547-032-X
08037	門羅天下 — 當代名家論羅門	蔡源煌等著	平一	380.00	ISBN 957-547-090-7
08038	現代詩縱橫觀	蕭　蕭著	平一	350.00	ISBN 957-547-052-4
08039	大陸文學之旅	墨　人著	平一	350.00	ISBN 957-547-096-6
08040	生命的風景 — 人物專訪	張堂錡著	平一	150.00	ISBN 957-547-127-X
	生命的風景 — 人物專訪（新版）	張堂錡著	平一	250.00	ISBN 957-547-901-7
08041	民族文學的良心:高準作品評論選	詩潮社編輯	平一	320.00	ISBN 957-547-161-X
08042	唯愛	王祿松著	平一	520.00	ISBN 957-547-793-6
B8042	唯愛	王祿松著	精一	600.00	ISBN 957-547-792-8
08043	新古典主義詩學	李小明著	平一	待再版	ISBN 957-547-810-X
08044	羅門散文精選	羅　門著	平一	220.00	ISBN 957-547-832-0
08045	誰能買下這條天地線	羅　門著	平一	160.00	ISBN 957-547-833-9
08046	羅門詩 — 百首賞析	朱　徽著	平一	240.00	ISBN 957-547-834-7
08047	西北高原行	夏美馴著	平一	340.00	ISBN 957-547-843-6
08048	詩儒的創造	蕭　蕭編	平一	350.00	ISBN 957-547-885-1
08049	詩痴的刻痕	蕭　蕭編	平一	350.00	ISBN 957-547-886-X
08050	臺灣新文學理論批評史	古繼堂著	平一	待再版	ISBN 957-547-910-6
08051	墨人半世紀詩選	墨　人編	平一	340.00	ISBN 957-547-921-1
08052	千曲之聲	蓉　子著	平一	280.00	ISBN 957-547-939-4
08053	永遠的青鳥	蕭　蕭著	平一	480.00	ISBN 957-547-940-8
08054	人間煙雲	張　健著	平一	200.00	ISBN 957-547-954-8
08055	走過泉城	張　放著	平一	160.00	ISBN 957-547-959-9
08056	戴麗珠的散文作品	戴麗珠著	平一	260.00	ISBN 957-547-985-8
08057	浮生隨筆	張　放著	平一	400.00	ISBN 957-547-984-X
08058	海兮	張　放著	平一	200.00	ISBN 957-547-990-4
08059	清大有種會啄人的鳥	沈定濤著	平一	160.00	ISBN 957-547-995-5
08060	情繫江家峪	張　放著	平一	320.00	ISBN 957-547-996-3
08061	中華新詩選	中華民國新詩學會編	平一	380.00	ISBN 957-549-003-7

文　學　叢　刊

08001	現代詩的創作與欣賞	楊昌年著	平一	350.00	ISBN 957-547-062-1
08002	花事叢談	伍稼青著	平一	100.00	ISBN 957-547-431-7
08003	驀然回首	殷正慈著	平一	140.00	ISBN 957-547-432-5
08004	雲影	曾幼川著	平一	140.00	ISBN 957-547-433-3
08005	高準詩集	高　準著	平一	180.00	ISBN 957-547-434-1
08006	山河紀行	高　準著	平一	160.00	ISBN 957-547-435-X
08007	淡淡的夢痕	袁恆昌著	平一	150.00	ISBN 957-547-436-8
08008	敲門的月光	張　健著	平一	160.00	ISBN 957-547-437-6
08009	文學與社會	高　準著	平一	220.00	ISBN 957-547-438-4
08011	百人圖	張　健著	平一	100.00	ISBN 957-547-440-6
08012	為愛白雲盡日閒	夏美馴著	平一	140.00	ISBN 957-547-441-4
08013	顫抖的白樺	吳玉蓮著	平一	180.00	ISBN 957-547-442-2
08014	客路青山外	吳玉蓮著	平一	140.00	ISBN 957-547-443-0
08015	文學帝王豔紀	袁　戎著	平一	180.00	ISBN 957-547-444-9
08016	銀杏樹的戀歌	洪順隆著	平一	120.00	ISBN 957-547-445-7
08017	山中的菊神	張　健著	平一	180.00	ISBN 957-547-446-5
08018	墓地裡的小白花	黃能珍著	平一	100.00	ISBN 957-547-447-3
08019	紅遍相思	莊雲惠著	平一	160.00	ISBN 957-547-024-9
08020	懷舊布新集	董金裕著	平一	100.00	ISBN 957-547-448-1
08021	長白文集（上、下）	薛振家著	平二	360.00	ISBN 957-547-449-X
08022	中國大陸新詩評析（1916－1979）	高　準著	平一	400.00	ISBN 957-547-450-3
08023	古今詩詞論叢	姚翠慧著	平一	100.00	ISBN 957-547-451-1
08024	臺灣當代短篇小說中的女性描寫	賀安慰著	平一	120.00	ISBN 957-547-452-X
08028	世紀的長巷	張　健著	平一	150.00	ISBN 957-547-456-2
08029	臺灣新詩發展史（再版）	古繼堂著	平一	440.00	ISBN 957-547-110-5
08030	臺灣小說發展史（再版）	古繼堂著	平一	440.00	ISBN 957-547-104-0